...dix-jours-de-rêve...

NICOLE DE BURON | *ŒUVRES*

NICOLE DE BURON

dix-jours-de-rêve

Éditions J'ai Lu

1

Mercredi. En France.

Sans prévenir, le crabe s'empare de votre estomac. Vous suffoquez et ouvrez la bouche comme une daurade à l'étal du poissonnier. Vite, vous essayez de réagir en respirant *cal-me-ment* ainsi que le recommandent tous les journaux féminins (ton hatah-yoga-chez-toi).

Cal-me-ment. Vous clapotez dans votre bain bourré de coûteux sels moussants réservés pour les grands moments de déprime. Rien à faire. Le crabe continue de vous tordre l'estomac, telle la mère Denis une serpillière sale.

Pourtant, la journée avait commencé comme toutes les autres.

Par le bruit des trois radios.

Celle de Prunelle pour commencer. A peine tirée de son sommeil par l'extraordinaire voix robotisée de son réveil-transistor, votre fille adorée a tourné le bouton de sa radiocassette. La voix désespérée de Renaud, Lavilliers ou autre contempteur de la société, préside ainsi au petit lever de votre enfant bien-aimée, élevée dans le cocon de luxe de votre charmant pavillon de banlieue, à la pelouse bien tondue et aux rosiers jalousement taillés.

Ainsi éperonnée par la vision sinistre des grands ensembles (sur cassettes à soixante-dix francs), Prunelle se lève, hagarde, et, sans se soucier de la moindre toilette, saute dans un jean et un immense sweat-shirt noir portant la mention *J'aime dormir en classe* qu'elle arrache propres de l'armoire. En même temps que deux jupes et trois pulls qui tombent par terre. Et y restent. Ses vêtements d'hier gisent, eux, sous le lavabo. Prunelle chérie se refusant à porter les mêmes « fringues » deux jours de suite, malgré vos protestations. Réclamations d'autant plus justifiées, à votre avis, qu'elle remet un jean identiquement délavé et un sweat-shirt également trop grand (mais, hier, mauve électrique et portant la mention *Née pour ne rien faire*).

Vous décidez régulièrement, dans un but hautement éducatif, de *ne pas* ranger les affaires de Prunelle. Et d'interdire à la femme de ménage de le faire. D'éminents psycho-pédiatres vous ont assuré que c'était le seul moyen de dégoûter votre adolescente de son propre désordre. On voit bien qu'ils n'ont jamais rencontré Prunelle. En quarante-huit heures, le spectacle devient grandiose. Pantalons dits « futes », chaussettes sales, pots de yaourt vides, coussins (portant la mention *Love*), produits de maquillage de toutes sortes, votre salière (?), restes de bougies, livres de classe et cahiers, robe indienne, baskets dépareillés recouvrent le sol comme des épaves abandonnées après pillage par les armées d'Attila. Les tiroirs, tous ouverts, laissent échapper leur contenu. L'armoire sans porte (descendue à la cave un jour d'inspiration décoratrice) fait comprendre que plier et suspendre sont des activités magnifiquement méprisées par votre petite chérie.

Au bout d'un moment, la femme de ménage craque (le chien lui-même, frappé d'effroi, refuse d'entrer dans la pièce). En cachette, elle nettoie et remet tout en place. Superbe, Prunelle ne s'aperçoit de rien.

Ce matin, en marmonnant, votre gracieuse héritière ramasse au hasard cahiers et livres de classe qu'elle jette dans une musette kaki recouverte d'autocollants : « Je vais craquer »... « Dur-dur »... « C'est la panique! »

Vous n'avez jamais pu obtenir de votre adolescente adorée qu'elle prépare son « cartable » (comme vous dites dans votre jargon maternel) la veille au soir. Tandis qu'elle a l'esprit assez clair – en principe – pour se reporter à un cahier de textes – quasi illisible. Non. Votre Prunelle préfère entasser dans la fameuse musette – alors qu'elle dort encore debout – tout ce qui lui tombe sous la main, c'est-à-dire n'importe quoi, y compris votre salière (?). Et se voir infliger presque quotidiennement une colle pour oubli d'un cahier, d'un livre, ou d'un devoir. Vous n'avez jamais osé demander au psychologue de l'école à quoi correspondait cette roulette scolaire quotidienne.

A son tour, l'Homme a allumé sa radio dans la salle de bains. Sur *France-Culture*. A lui, les disputes entre deux spécialistes hargneux sur la sémantique du discours chez les tribus du Haut-Turkestan. Ou les observations passionnantes telles que « apprendre à parler à son enfant est, pour un père, un acte érotique » (allons bon!). L'Homme, au réveil, a des tendances culturelles.

Alors, vous allumez votre radio à vous et vous écoutez vos premières informations en préparant le petit déjeuner dans la cuisine.

Ou, plutôt, les petits déjeuners.

Parce que, depuis deux ans, vous prenez votre thé toute seule. Sur un plateau. Dans votre lit.

Voir entrer Bonaparte à la tête de ses grognards dans votre cuisine n'aurait pas plus stupéfié l'Homme et Prunelle que vous, le jour où vous leur avez déclaré en avoir ras le bol du Petit-Déjeuner-en-Famille.

Vous avez osé avouer tranquillement que :

1) Le matin, vous étiez dans l'hébétude la plus totale avant d'avoir bu le contenu d'une théière entière.

2) Vous détestiez qu'on vous adresse la parole quand vous étiez dans cet état second.

3) Vos horaires de travail étant différents, vous ne voyiez pas pourquoi, maintenant que l'Homme et Prunelle étaient grands, vous seriez privée du bonheur de rester une demi-heure de plus dans votre lit.

4) Vous étiez d'accord que vous étiez une mère indigne, mais vous travailliez là depuis dix-sept ans. S'ils voulaient vous licencier, vos indemnités seraient très élevées.

Devant ce *coup d'Etat*, l'Homme et Prunelle se sont repliés prudemment sur des positions non préparées. Tu as raison, ma petite maman chérie. Du reste, c'est moi qui préparerai ton petit déjeuner. Non, c'est moi...

C'est vous.

Mais, quand vous avez rempli votre devoir de Grande Nourricière envers l'Epoux et l'Enfant, vous filez désormais vous recoucher avec votre plateau à vous, votre radio et votre journal. Et le sentiment de votre culpabilité. Vous êtes une traîtresse à la Cause du Dialogue-en-Famille-au-Réveil.

Vous le savez.

L'Homme et Prunelle le savent.

Alors, ils essaient de vous le rappeler subtilement

8

en apparaissant à tour de rôle dans votre chambre. Vous empêchant ainsi de lire tranquillement l'article que vous avez commencé et d'écouter les nouvelles du monde.

C'est d'abord Prunelle qui se matérialise brusquement au pied de votre lit, une tartine dégoulinante de miel à la main. Elle aura une heure de colle et rentrera tard cet après-midi. Du moins, c'est ce que vous croyez comprendre à travers l'épais rideau de cheveux embroussaillés qui masque presque entièrement son adorable petit visage. Vous êtes supposée signer la colle sans crayon. Mais vous connaissez le coup et vous avez un feutre dans le tiroir de la table de nuit. Ah! ah!

— Cette colle, c'est pour quoi? interrogez-vous mi-sévèrement (c'est votre boulot de mère éducatrice), mi-affectueusement (ne jamais oublier que les parents doivent dialoguer avec leurs enfants, même et surtout s'ils ont des difficultés scolaires dont vous êtes évidemment responsable selon la loi de Freud et du ministère de la Non-Education nationale).

Un grognement traverse la tignasse ébouriffée de votre petite chérie. Vous croyez comprendre « Orthographe ».

Il y a des jours où vous aimeriez connaître le nom des fonctionnaires anonymes qui, grâce à un système d'enseignement auquel vous n'avez rien compris, vous ont laissé sur les bras une adolescente incapable d'écrire une ligne de dictée sans faute (un mot, une faute). Oui, à chaque carnet scolaire, vous rêvez d'aller entasser devant la porte de ces fonctionnaires anonymes des charrettes de tomates pourries (une faute – une tomate pourrie).

Pendant que vous méditez ainsi amèrement dans votre brumaille matinale, votre analphabète bien-aimée est partie finir son petit déjeuner. Puis elle est revenue au pied de votre lit. Prête à partir pour l'école. La bouche ornée d'une moustache de chocolat, le treillis kaki de travers, les baskets pas lacés et la musette chargée d'une tonne de livres et de cahiers qui ne sont pas les bons.

C'est alors que vous essayez de faire quelque chose :

– Tu ne t'es pas brossé les cheveux, remarquez-vous (faiblement).

C'est ce que Prunelle attendait. Elle répond avec l'air de la Vertu Martyrisée qu'elle affectionne particulièrement :

– Je l'ai fait.

Vous (encore plus faiblement) :

– Pas derrière la tête. Je vois les nœuds d'ici.

Prunelle (d'un air de défi) :

– Je... Pas le temps... Hon... ce soir...

Elle est partie. Ou plutôt, elle s'est sauvée.

Quand vous entrerez dans sa chambre un peu plus tard, vous comprendrez pourquoi. Outre le désordre indescriptible y régnant – voir plus haut –, le lit n'est pas fait, les lumières sont restées allumées et le robinet du lavabo coule. Pourquoi diable? Elle ne s'est tout de même pas lavé les dents! Seule la radiocassette a été pieusement éteinte pour ne pas user les piles. Imaginez le drame si, ce soir, les piles étaient mortes au moment d'écouter *She's got the Jack* ou *J' suis partie de chez mes parents.*

Pour l'instant, vous reprenez en soupirant la lecture de votre journal. Remettant lâchement à plus tard la critique de votre système éducatif à vous.

C'est alors que l'Homme apparaît à son tour. Prêt à partir à son boulot. La Société des Jouets Labran. Et ayant fait sortir Chien Chavignol dans le jardin. Qui, lui, se précipite avec ses pattes boueuses sous votre lit.

Malheureusement, ce matin, l'Homme a des états d'âme patrono-philosophico-politiques. Il s'appuie des deux mains sur le montant de votre couche conjugale et vous considère sombrement quelques secondes. Planquée derrière votre journal, vous vous attendez au pire. Vous avez raison. Il dit :

– Tout va mal.

Et voilà, c'est parti. S'il y a quelque chose que vous ne supportez pas, depuis dix-sept ans que vous êtes mariée, c'est d'affronter avant votre première tasse de thé la dure vérité que va vous révéler l'Homme : le monde est un tombereau de merde.

– Le monde est un tombereau de merde, dit l'Homme.

Vous approuvez d'un grognement. L'expérience vous a appris que, si vous essayez, malgré le brouillard, d'émettre la moindre parole réconfortante, l'Homme va fondre sur vous comme un vautour sur une poule en train de couver et vous démontrer pendant une demi-heure pourquoi le jouet français est foutu, comment il est foutu, pourquoi il mérite d'être foutu. Et, si vous n'en convenez pas avec l'énergie suffisante, il vous foudroiera d'un implacable : « On voit bien que tu te fous de tout. »

Non. Vous ne vous foutez pas de tout.

Vingt-trois heures et demie sur vingt-quatre.

Mais n'avez-vous pas le droit à une demi-heure par jour de tranquillité égoïste ? Avant d'aller affronter dans votre cabinet d'avocate tous les malheurs du monde. Aujourd'hui, voyons : trois divorces, un viol, un accident de voiture, plus une visite à la prison de Fleury-Mérogis. Une toute petite demi-heure pour moi toute seule, monsieur le bourreau ! Qui sera perdue si vous n'amenez pas affectueusement l'Homme à retrousser ses manches et à s'élancer au-dehors pour se colleter avec la sale réalité. D'ailleurs, c'est l'heure, mon pauvre chéri.

Là, vous avez un truc. La revue de presse. Vous feignez d'écouter ce que Truc a écrit dans *La Montagne libérée* ou Machin dans *Le Petit Causse indépendant*. En fait, ça vous intéresse. Pas l'Homme. Il soupire et dit : « Je m'en vais » d'un ton dramatique. Effondré d'avoir comme femme une demeurée pareille qui s'intéresse à ce que pense Machin ou Truc.

– C'est tous des cons! proclame-t-il sévèrement.

Vous louchez sur votre réveil. Il ne vous reste que vingt-trois minutes.

Eviter la discussion à tout prix.

Vous répondez donc le plus gracieusement que vous pouvez, le second œil sur votre journal, la deuxième oreille vers le transistor :

– Tu sais bien que je ne suis pas une intellectuelle!

Très bonne réponse. L'Homme est satisfait de constater que sa femme – qu'il soupçonne en permanence de velléités féministes – reconnaît ses faibles capacités intellectuelles. Il eût, bien évidemment, préféré une agrégée de philo dans le corps de Marilyn. Hélas sur les deux tableaux.

– Bon, j'y vais, annonce l'Homme, refermant son attaché-case. Clic. Clac...

Et il sort en grommelant quelque chose comme « ... ce soir »...

Plus que vingt et une minutes pour avaler votre thé, terminer votre article, écouter la fin de la revue de presse. Et vous détendre dans votre bain.

Vous attrapez votre tasse...

... et la porte de votre chambre se rouvre... L'Homme réapparaît.

Merde.

Vous auriez dû vous en douter.

L'Homme a la manie des faux départs. Il lui arrive de claquer la porte d'entrée, de traverser le jardin et de revenir trois ou quatre fois de suite. Silencieusement. Vous n'avez jamais su si c'était parce qu'il avait l'angoisse du départ. Ou l'espoir de vous surprendre en faute par son retour inopiné.

– Il faut quand même que nous parlions, remarque-t-il agressivement, comme si vous n'aviez pas échangé la moindre parole depuis six mois. Est-ce que je vends la maison du Lot ou non ?

Ça y est. Vous êtes en rage. Cette histoire de vente de la petite ferme du Lot héritée de ses parents revient trois ou quatre fois par an. Elle est parfaitement oiseuse. L'Homme n'a aucunement l'intention de vendre. Ce qu'il veut, c'est en parler. Et vous empêcher de rester peinardement au lit alors que lui part affronter le monde hostile.

Vous craquez. Bêtement, vous dites :

– Ecoute, je n'ai pas le temps de discuter de cela maintenant... Cela peut, peut-être, attendre jusqu'à ce soir ?

C'est la phrase que l'Homme attendait. Il saute à pieds joints dessus :

– Pourtant, tu n'as pas l'air très occupée en ce moment.

Foutue... la demi-heure est foutue... la matinée est foutue... la journée est foutue.

Vous réprimez l'envie de lui envoyer votre théière à la tête. Vous vous levez et allez obstinément faire couler votre bain. (Plus que dix-huit minutes.) Vous criez :

– Si, je suis follement occupée. Je dois prendre mon bain, ranger la maison (ô combien) et aller travailler comme tout le monde.

– Puisque c'est comme ça, dit l'Homme furieux.

Et il claque la porte.

Et vous qui désiriez le voir claquer cette maudite porte, vous en avez les larmes aux yeux.

Pourquoi les relations avec l'Homme sont-elles

devenues si difficiles? A quel moment? Est-ce votre faute? La sienne? Ou celle de l'Autre?

Celle dont vous devinez l'existence dans l'ombre.

Celle dont il faudra bien parler un jour.

Celle...

Le téléphone sonne. Vous vous précipitez. Peut-être une voix amicale? Non, un monsieur réclame agressivement Jeanine. Vous n'avez même pas le moral de lui répondre gaiement, comme vous adorez le faire : « Le ciel vous envoie, cher monsieur, mon évier est bouché. » Vous raccrochez. L'envie vous vient de téléphoner à Fille Aînée. Trop tôt. Monsieur Gendre n'est sûrement pas encore parti à son travail. Curieusement, ce garçon supposé être à son bureau dès l'aube traîne toujours là, en retard, justement le matin où vous appelez. Et une intonation très subtile de sa voix vous fait comprendre que votre intrusion dans son univers familial à lui, alors qu'il cherche vainement et frénétiquement une chemise repassée, est totalement odieuse.

Vous allez donc vous glisser dans l'eau chaude et sous la mousse hors de prix qui déborde de votre baignoire. (Une pincée de sels de bain coûte pratiquement le prix d'une pincée de poudre d'or.) Qu'importe. Cinq minutes, monsieur le bourreau. Il vous faut cinq minutes de détente. Vous fermez les yeux.

C'est alors que le crabe a attaqué votre estomac.

Ils ont tous oublié.

Hier, c'était votre anniversaire.

Et personne ne vous l'a souhaité.

Ni l'Homme.

Ni Prunelle (dont vous conservez pieusement au

fil des années les dessins ornés de « Bonne aniver-
saire, Mamman cherri »).

Ni Fille Aînée, Monsieur Gendre et Petit Garçon.

Ni votre mère qui préfère ne pas se rappeler
votre âge parce que cela lui rappelle le sien.

Ni le chien Chavignol tapi sous votre lit. Il y a des
gens qui ont écrit des livres entiers sur la sensibilité
des bêtes aux tristesses de leur maîtresse. Le vôtre,
bernique! Il n'a manifestement rien lu. Ce qui
l'intéresse, c'est manger, dormir, jouer dans le jardin. Pour le reste, pas un os de sentimentalité.

Ni votre meilleure amie et associée, Suzanne.

Ni personne.

Toute la journée d'hier et même ce matin, vous
avez espéré que quelqu'un s'exclamerait : « Mon
Dieu... c'est l'anniversaire de Mimi. » Vous auriez
joué la comédie de la surprise : « Oh! mais c'est vrai,
quelle horreur! » Et tout le monde vous aurait
embrassée, cajolée, aimée...

Rien.

Pas une pensée.

Pas même un petit morceau de papier avec écrit :
« Bon pour un cadeau » (jamais suivi d'effet, mais
c'est l'intention qui compte, n'est-ce pas?).

Pas même, pas même un baiser.

Le crabe remonte jusqu'à votre gorge. Au
secours!

Vous éclatez en sanglots.

2

Mercredi. En France.

Les larmes ruissellent sur vos joues et se perdent

dans la mousse où elles font des trous (tiens, vous ne saviez pas que le liquide lacrymal était acide). Vous ululez « Ras le bol... Ras le bol... ». Après tout, vous pouvez gueuler tant que vous voulez, ils sont tous partis. Sauf Chien Chavignol qui apparaît à la porte de la salle de bains et vous regarde d'un air perplexe. Brave Chavignol. Oui, j'en ai ras le bol, Chavignol.

Ras le bol d'être une épouse au doux sourire scotché sur vos lèvres.

Ras le bol d'être une mère contestée. (Mange tes épinards. Je *hais* les épinards. Range ta chambre. Demain. Tu as révisé ta composition d'espagnol? Pouh! J' suis vraiment obligée d'apprendre l'espagnol? etc.)

Ras le bol d'être une avocate aux clients si malheureux qui vous prennent pour S.O.S. Misère du Monde. Les désespérés, les hargneux, les bloqués, les bavards, les furieux, les angoissés, etc., etc., qui vous obligent à courir en tous sens à travers le Palais de Justice telle une souris folle. Comme le dit votre amie et associée Suzanne, ce n'est pas d'une belle voix qu'une avocate a le plus besoin mais d'une bonne paire de jambes. Et, aujourd'hui, vos guibolles sont fatiguées.

Ras le bol d'être une femme tout court. Vous ne l'avoueriez jamais à un psy, qui y verrait immédiatement Dieu sait quoi, mais il y a des jours où vous regrettez vivement de ne pas être un homme. Pour avoir une femme. Un grillon du foyer qui s'occuperait de tout. De la Maison. De l'Ecole. De la Bouffe. Une cendrillon qui vous attendrait le soir et vous demanderait tendrement : « Tu as eu une bonne journée, trésor? » Un ange qui aurait un doux sourire scotché sur ses lèvres.

Ras le bol de vous aussi. Qui n'avez jamais eu le

16

courage de faire une gigantesque colère. Qui n'avez jamais balancé les costumes de l'Homme par la fenêtre. Qui n'avez même jamais jeté une seule assiette par terre. Et piétiné les débris en hurlant. De temps en temps, quand vous vous sentez l'âme d'une locomotive prête à exploser, vous faites la liste des défauts de l'Homme : égoïste-lâche-vaniteux-radin-coléreux-macho-menteur-peu affectueux (ne rien barrer – pas de mention inutile). Puis vous cachez le papier dans un dossier spécial enfoui dans le tiroir de votre bureau.

Vous résistez même à la tentation de dire à l'Homme quand il rentre si tard de son club sportif : « Ton dîner est dans la poubelle. » Non, il est chaud, au four. S'il était dans la poubelle, cela serait reconnaître qu'Elle existe.

L'Autre.

Bien sûr, vous n'êtes pas *certaine*. Vous devinez seulement. Une ombre impalpable. Quelque chose comme un pointillé au fond d'un tableau impressionniste.

L'Homme n'a jamais manifesté un accès subit et suspect de gentillesse ou d'agressivité, indice, selon la tradition féminine, d'une mauvaise conscience. Ses poches et ses agendas, même ses carnets de rendez-vous, n'ont rien révélé, malgré vos fouilles honteuses et hâtives. Mais régulières.

Pourtant, vous *savez*. Vous avez été franchement surprise, il y a quelques mois, quand l'Homme a décidé de faire du *body-building* (mot chic pour culturisme) deux fois par semaine alors qu'il se vantait de ne pas avoir fait un seul mouvement de gym de sa vie. Il envisageait même avec ardeur de sauter à la corde. Vos soupçons se sont élevés comme un vol de gerfauts. D'autant plus que l'Homme a insisté pour que vous ne vous inscriviez pas à son club afin de sauter à la corde, vous aussi. Alors vous y êtes allée. Et vous l'avez vue, Elle, la belle Mélissa, prof de gym, (pardon, de *body-building*). Les certitudes ont vitriolé votre âme. La trentaine, souple, musclée (peut-être trop, c'est laid, non?), les cheveux dorés retenus par un bandeau à la Borg. Bref, une créature à déprimer n'importe quelle épouse. Dans vos moments de rage et de douleur, vous pensez que son bandeau lui donne le front bas d'une vache bornée mais, en vérité, vous donneriez un an de votre vie pour avoir ses dix ans de moins, sa légèreté dansante et son assurance bovine. Elle est tout ce que vous n'êtes pas.

Naturellement, vous pourriez suivre l'Homme, le traquer, le fouiller (non ça, vous le faites déjà). Vous pourriez savoir si vous le vouliez.

Mais le pire est là. Vous ne voulez pas savoir. Parce que, si vous saviez vraiment, vous devriez jouer le grand air de la femme trompée. Vous rouler par terre. Appeler la colère du ciel sur l'Infidèle. Montrer la porte du doigt au Monstre.

Qui la prendrait peut-être.

Et c'est cela que vous craignez.

Parce que vous êtes une infecte lâche.

Lâche et, hélas, entourée de femmes courageuses. Vos copines, votre mère, vos sœurs, peut-être même Fille Aînée si elle savait. Toutes, elles n'auraient qu'un cri : « Jette dehors ce chien et son prof de *body-building*! »

D'accord, je jette dehors ce chien et son prof de *body-building*. Mais qui reste seule avec Prunelle qui va avoir seize ans et des amours que vous prévoyez orageuses? Seule dans la maison (avec le loyer à payer)? Seule contre le percepteur, avec la voiture qui tombe en panne, et dans le désert des dimanches?

Vous. Pas les femmes courageuses.

Alors, vous préférez faire l'autruche.

On dit beaucoup de mal des autruches. Mais il y a des jours où vous pensez qu'elles ont raison, les autruches. Un jour, vous écrirez un livre : *Défense des autruches*. Voilà des créatures à qui la fière musique de « Allons les filles, voyons les choses en face » ne tourne pas la cervelle. La tête dans le sable, elles n'entendent rien, ne voient rien, ne savent rien !

Et alors ?

Naturellement, vous ne pouvez avouer à vos copines, à votre mère, à vos sœurs et même à Fille Aînée que vous êtes une autruche. Vous perdriez leur considération et le M.L.F. vous fusillerait (avec raison).

Il n'y a juste que votre amie Francine qui vous comprenne. Son mari est le roi des cavaleurs. Alors, explique-t-elle, j'enfouis ma tête entière dans la plage et je ne montre que mon cul. Sans les plumes.

Hélas, on ne peut pas faire l'autruche pour tout. Il y a des choses qu'il faut bien affronter. Par exemple, le fait qu'un jour la chronique du *Monde* que vous étiez en train de lire vous soit apparue un peu brouillée. Bon, vous n'y avez pas attaché d'importance. Les chroniques du *Monde* ne sont pas toujours très claires. Le lendemain, c'est une publicité d'autobus qui n'était pas nette. Pourtant, vous avez toujours eu une vue de lynx. Naturellement, on peut vivre sans voir les affiches de Binga mais c'est agaçant.

Vous êtes passée chez l'opticien sous prétexte d'acheter des *ray-bans* (en plein hiver). Et pendant que je suis là, tiens, on pourrait peut-être faire un petit examen de la vue ? Dans le style révision annuelle de la voiture, des dents, etc. Du reste, avec le même ton indifférent que votre garagiste adopte pour vous annoncer : « Dites donc, il faut changer les pneus cette année », l'opticien vous a dit : « Dites-moi, chère madame, je crois qu'il est indispensable désormais que vous portiez des lunettes. »

Les premières lunettes, ça fait un coup. Pourtant, vous êtes jeune encore. A moins que... Vous vous êtes ressaisie. Après tout, beaucoup de gens portent des lunettes. Et les vôtres sont très jolies et vous vont très bien. L'Homme l'a remarqué et a même ajouté gentiment (penser à retirer « peu affectueux » sur la liste des défauts) : « Tu as toujours eu de très beaux yeux. »

(Et le reste ?)

Alors, là, vous avez commis une erreur. Vous avez acheté l'immense glace à trois faces dont vous aviez envie depuis vingt ans.

Et vous vous êtes vue. Vraiment vue.

D'abord, vous n'en avez pas cru vos lunettes. Saloperie de verres grossissants! Vous avez tâté, pincé, roulé. Non. Pas de doute. Il est là. Tout petit, tout gentil, adolescent mais prometteur.

Le double menton.

Comment est-il venu sans que vous vous en aperceviez? Quand? Peut-être pendant que vous aviez votre tête d'autruche dans le sable.

Et puis, bon Dieu, quel choc quand vous vous êtes regardée de dos. Elles sont à vous ces deux bonnes fesses? Où est le petit derrière de serpent de vos vingt ans? Dans le sable aussi, probablement. Mais pas dans la glace à trois faces.

Misère. Il va falloir commencer la guerre perdue d'avance. Des régimes. Des massages. Des crèmes antirides. Des masques anticernes.

Votre meilleur copain, votre corps, a commencé à vous lâcher. Comme une voiture de sport qui se déglingue sournoisement à partir d'un certain nombre de kilomètres.

20

Ce matin, à travers la mousse et vos larmes, vous le regardez avec reproche, votre brave camarade, merveilleusement au repos dans l'eau du bain. Un an de plus ne va pas t'arranger, mon pauvre.

A quel psy raconter que vous êtes une autruche sanglotante dans son bain parce qu'elle a peur de tout? D'être trompée. D'être abandonnée. De vieillir.

Et puis, tout d'un coup, ça explose en vous.

Merde à la déprime!

Au diable les psy, l'Homme, l'Autre, votre Prunelle chérie, vos clients suppliants!

Au diable tous!

Vous jaillissez de l'eau comme la Vérité sortant furieuse d'un puits pollué.

Aujourd'hui, c'est la révolte. Votre Mai-68. Aux armes, les autruches!

Et, d'abord, vous allez foutre le camp.

En vacances.

N'importe où mais tout de suite.

Seule.

3

Mercredi. En France.

Une heure plus tard, vous avez fait ce que vous n'auriez jamais imaginé être capable de faire.

1) Vous êtes entrée dans l'agence de voyages Chicatour et vous y avez acheté un billet-d'avion-et-un-séjour-de-dix-jours-de-rêve-aux-îles-Maranas.

2) Vous avez payé avec le chèque en blanc laissé par l'Homme pour le loyer et vous avez écrit sur le

talon : « Merci, mon chéri, pour ce merveilleux cadeau d'anniversaire... »

3) Vous partez après-demain.

A l'agence, le moustachu derrière son comptoir a d'abord pris l'air effaré quand vous lui avez exposé votre projet : partir tout de suite, très loin, n'importe où. Il pouvait vous proposer...

... une escapade aux Bahamas où l'éternel été vous attend... blablabla,

... un safari au Kenya dans des paysages grandioses et intacts... blablabla,

... un circuit culturel dans le Mexique des fabuleuses civilisations... blablabla,

... une croisière sur un immense voilier aux ailes déployées... blablabla.

... blablabla...

Mais dans un délai raisonnable de quinze jours.

Vous lui avez répondu violemment que le mot raisonnable était provisoirement rayé de votre vocabulaire. Le moustachu a paru terrorisé. Il a regardé son téléphone avec anxiété. Pour appeler un asile psychiatrique ? C'est curieux. Vous auriez pensé que les agences de voyages étaient pleines de gens déraisonnables en pleine crise de ras-le-bol.

Bon. Vous ne voulez pas traumatiser ce pauvre homme. Vous essayez de prendre un ton plus calme pour expliquer ce que vous voulez.

Une île avec des cocotiers, une plage immense, une mer chaude et un petit hôtel tranquille. Et Vous, l'Autruche, la tête enfin hors du sable (chaud), étalée dans une chaise longue à ne penser à RIEN.

Le moustachu jette alors sur le comptoir deux kilos de dépliants. Des photos inouïes de mer transparente, de cocotiers pliés par l'alizé, de plages dorées à perte de vue dansent devant vos yeux. La Martinique, l'île aux fleurs, la Jamaïque, le paradis fou de reggae, Haïti, la perle des Caraïbes, l'île Maurice, la perle de l'océan Indien, Bali, la perle de... C'est fou ce qu'il y a de perles sur les océans. Plus que dedans.

Naturellement, dans ces textes enchanteurs, certains détails n'apparaissent pas. Par exemple, il peut pleuvoir aux Antilles. Une de vos amies y a passé quinze jours de vacances, grelottante dans une couverture humide. Une autre, aux Seychelles, a vu le toit de son bungalow emporté par un cyclone alors qu'elle était terrée sous son lit, promettant un pèlerinage à la Vierge de Lourdes si elle s'en sortait vivante.

Jamais aucune mention n'est faite des moustiques, ces monstrueux insectes assoiffés du sang des touristes, de Tahiti à Ceylan. Moustiques de tous les pays...

Qui prévient qu'« ambiance colorée » signifie que votre chambre est située près d'un orchestre qui jouera avec délire jusqu'à 2 heures du matin? Et que, réclamant alors une chambre « tranquille », on vous en donnera une autre, « très loin de la boîte de nuit », c'est-à-dire le long du parking des voitures, vous faisant regretter votre petite rue si calme de banlieue?

Tant pis. L'instant n'est pas à la méfiance. Mais au départ à tout prix.

C'est alors que le moustachu de Chicatour se frappe le front. Deux clients viennent justement de rendre leurs places pour les îles Maranas à la suite d'un accident d'automobile. Pour après-demain. Vous pouvez en profiter si vous le voulez.

Vous voulez.

Mais pour une seule place.

Le moustachu a l'air de penser que vous pourriez faire un effort et partir à deux.

Non. Seule, dans une île minuscule et semi-déserte, perdue dans l'océan Indien. Sans voiture mais avec les plus beaux coraux du monde. O.K., dites-vous, le cœur battant. O.K., répond le moustachu, le billet sera prêt à 17 heures.

Vous vous retrouvez sur le trottoir, stupéfiée par votre coup d'éclat. Et la montagne de choses à faire avant de partir.

Suzanne, votre associée, que vous prévenez en arrivant à votre cabinet, vous regarde, saisie. Vous comprenez qu'à ses yeux, comme à ceux de tous, vous manquiez complètement d'imprévu et de fantaisie. (Cela va changer, ah! ah!) Mais elle se montre adorable et prend en main immédiatement vos dossiers. Le divorce des époux Bichon qui, âgés respectivement de quatre-vingt-cinq et quatre-vingt-deux ans, ne veulent plus se supporter une heure de plus. Celui de la petite Mme Sidoux qui téléphone tous les matins à 9 h 35 pour savoir « où ça en est ». Et celui de la charmante dame antillaise que son mari veut forcer à recevoir – trop bien – ses copains : « C'est pas ma'ant, ça me fatigue, c'est toujou' les mêmes et j' peux vous di', c'est pas b'illant. » Et le dossier de l'escroc qui se fait passer – malgré vos remontrances – tantôt pour un émir, tantôt pour un médecin, tantôt pour le ministre du Temps libre (ça marche toujours). Et... Bref, la journée file à la vitesse d'un T.G.V. rentrant à son écurie.

Vous devez l'avouer. La perspective d'annoncer à l'Homme votre coup de tête vous panique un peu. Les autruches ne sont pas célèbres pour leur courage.

Mais la soirée s'avance.

Vous êtes dans votre living en compagnie de deux Martiens casqués. Très occupés.

L'Homme, son walkman sur la tête, écoute une

symphonie de Mahler en lisant *La Revue du Jouet*. (La conjoncture est dramatique : les jouets de Hong Kong, de Singapour, de Taïwan nous piquent tous les marchés, etc.)

Prunelle, son walkman sur la tête, écoute « AC.DC. » ou « Police », en lisant un roman de Barbara Cartland (une jeune fille vierge et pauvre aime un médecin pervers et riche, etc.) et en faisant semblant d'apprendre sa leçon d'histoire.

La télévision est allumée. Personne ne regarde. Un de ces reportages hautement éducatifs qui encombrent désormais nos écrans et font dire à votre mère : « Mais pourquoi, maintenant, ILS veulent tout nous expliquer ? »

Vous, vous desservez le dîner. (« Attends, je vais t'aider... je finis juste mon article... » « Oui, ma petite maman chérie, on va t'aider... juste, attends la fin de *Crache ton venin...* ») L'expérience vous a habituée à *ne pas* attendre. Sauf si vous voulez vous coucher après minuit.

Au passage, vous soulevez le casque de l'Homme et, dans une bouffée de Mahler, vous annoncez, d'une voix neutre :

— Je pars, vendredi, pour dix jours aux îles Maranas.

Cette annonce n'obtient aucune réaction. L'Homme a les yeux rivés sur la photo d'un affreux robot d'un concurrent coréen.

Vous re-soulevez le casque et continuez gaiement :

— Aujourd'hui, j'ai fait faire mes piqûres.

Quelque chose atteint le conscient de l'Homme à travers Mahler, le jouet asiatique, le commentaire du journaliste de la télévision. (Tout va mal, vous êtes tous coupables.)

— Piqûres ?... Tu es malade ?

A noter qu'il n'a pas tourné vers vous son regard tout entier aspiré par le monstre de Séoul.

– Non, c'est une piqûre contre la variole.

L'Homme regarde autour de lui d'un air surpris. Il croyait que les dernières grandes épidémies dataient du Moyen Age.

– Quelle piqûre contre la variole?

– Pour aller aux îles Maranas, c'est obligatoire.

Du coup, l'Homme enlève son casque.

– Je ne comprends pas ce que tu me dis.

– C'est pourtant simple. Je viens de t'annoncer, il y a cinq minutes, que je partais après-demain pour dix jours aux îles Maranas.

L'esprit de l'Homme se refuse décidément à enregistrer cette nouvelle. L'Homme présente l'aspect hagard d'un téléspectateur voyant apparaître sur son écran un M. Krasucki tout nu avec un chapeau de cow-boy, et se fendant la pêche.

En attendant, vous pouvez « voir » l'idée de votre départ, tel un ver se tortillant dans une pomme, cheminer à travers les circonvolutions cérébrales de l'Homme.

Vous êtes ravie. Pour une fois, vous avez épaté l'Homme.

Mais c'est à son tour de vous épater :

– Avec qui? demande-t-il froidement.

Vous en restez comme deux ronds de flan. L'idée ne vous était pas venue de partir avec quelqu'un ni surtout que l'Homme pût imaginer une chose pareille.

– Mais... heu... avec personne.

Cette deuxième information se tortille à son tour sous le crâne de l'Epoux.

Il répète lentement, son visage frappé de la plus totale incompréhension (heureusement – ou malheureusement – que vous ne l'avez jamais vu avec

26

cet air stupide avant de vous marier, vous ne l'auriez jamais épousé).

– Tu-pars-dix-jours-toute-seule-aux-îles-je-ne-sais-quoi-après-demain?

Vous répondez d'une voix primesautière, bien que votre cœur batte à grands coups :

– C'est cela. Je prends l'avion vendredi à 18 heures à Roissy.

L'Homme en ouvre la bouche d'étonnement. Il n'est pas beau comme ça, le pauvre chéri.

– Tu prends l'avion à 18 heures, vendredi, à Roissy?

C'est énervant, cette façon qu'il a de répéter toutes vos phrases. Vous renoncez sagement à lui parler du chèque du loyer. Attendre que le premier choc soit passé pour lui en assener un second.

Mais la cassette qu'écoutait Prunelle a dû se terminer. A moins que le fait que vous ne l'ayez pas obligée ce soir à enlever son walkman l'ait tellement surprise qu'elle l'a enlevé d'elle-même. (Vous appartenez à la tribu des mères demeurées qui n'arrivent pas à comprendre comment on peut à la fois écouter de la musique rock, lire un livre, apprendre une leçon d'histoire et regarder la télé. Mais si, je t'assure, maman, c'est *que* comme ça que je peux travailler...)

– Et nous? demande brusquement Prunelle qui a entendu la fin de la conversation.

– Nous quoi?

– Et nous, on fait quoi, pendant que tu te barres aux îles Truc?

– Vous, vous restez ici sagement à m'attendre. Avec Chien Chavignol.

L'Homme, Prunelle et Chavignol n'en reviennent pas. Il est évident que vous êtes devenue folle. De quel droit allez-vous vous « éclater » toute seule, loin de vos obligations conjugales, maternelles, professionnelles et de maîtresse de chien? Sans même demander la permission.

– Qu'est-ce qui se passe? demande l'Homme qui a abandonné son expression hébétée au profit d'un rictus d'inquiétude.

Vous devinez ce qu'il craint. Vous avez découvert sa liaison avec l'Autre. Vous partez avec un amant pour une fugue vengeresse. L'Homme se demande quelle attitude adopter. Nier. Accuser. Divorcer. Attention, pas de panique. D'abord, envoyer Prunelle se coucher pour éviter toute discussion incontrôlable en sa présence.

Mais Prunelle refuse absolument. J'ai le droit de savoir ce qui se passe, remarque-t-elle avec passion.

– Il ne se passe rien du tout, dites-vous, l'air le plus dégagé que vous pouvez (votre estomac d'autruche est dans vos bottes)... Juste un petit accès de déprime.

– Déprime de quoi? demande l'Homme, affolé. (C'est sûr, vous allez faire allusion à Elle... Une chance finalement que Prunelle soit là. Vous n'oserez pas devant votre fille...)

Vous avez un geste théâtral :

– De tout. Je ne peux plus rien supporter ni personne. J'en ai assez de tout. Voilà!

L'Homme vous regarde, avec indignation :

– Et tu ne crois pas que, moi aussi, je n'ai pas des raisons d'en avoir assez. Avec tous les soucis que j'ai... la conjoncture...

Ah non! Pas la Conjoncture Mondiale. Ni le Jouet Français. Ni l'Orthographe de Prunelle. Ni le Divorce des Bichon. Sinon vous risquez de vous sentir coupable au point d'en annuler votre voyage.

– Moi aussi, j'en ai marre! crie Prunelle. L'école,

je *hais*, les profs, je *hais*... Je veux être chanteuse de rock.

Vous décidez de brûler votre dernière cartouche :

– Le docteur a dit que c'était ça ou le repos forcé en clinique.

Et vous éclatez en sanglots (après tout, ça pourrait être vrai), empêchant ainsi l'Homme de vous demander quel médecin, quelle clinique.

– Bon, bon, dit l'Homme précipitamment qui, en bon macho, a horreur de voir une femme pleurer. Pars si cela doit te faire du bien.

Prunelle vient se blottir contre vous.

– Vas-y, ma maman.

Vous enfouissez votre nez de menteuse dans le cou à odeur de pain frais de votre future chanteuse de rock. (Ex-vétérinaire, ex-vendeuse de fringues aux Puces, ex-G.O. du Club Méditerranée, etc.)

L'Homme ne veut pas être en reste de magnanimité. Un grand vent de générosité souffle dans votre living. Il est vrai que vous n'avez toujours pas parlé du chèque du loyer.

– Après tout, cela te fera beaucoup de bien. Et tu pars quand ?

– Après-demain.

L'Homme vous regarde avec stupeur. Voilà un certain nombre d'années qu'il a épousé une fille solide, consciencieuse, pas cabocharde pour deux sous, avec beaucoup de défauts certes mais une qualité en tout cas : le sérieux. Quelqu'un sur qui on pouvait compter. Un bon petit soldat. Et voilà que le bon petit soldat prend le maquis pratiquement sans sommation. Il y a quelque chose qui craque dans le royaume de l'Homme.

– Je te prêterai mon appareil-photo, dit l'Homme, voulant montrer qu'il donne sa bénédiction à votre escapade en vous confiant son Canon bien-aimé.

Or, s'il y a quelque chose que vous détestez en vacances, c'est un photographe. Même vous. Jamais content. Le soleil est toujours trop haut. L'oiseau ne veut pas poser. La vieille femme refuse de sourire. Il y a un camion dans le champ. Et hop! les vacances sont finies.

– Pas d'appareil-photo! criez-vous, hystérique, à travers vos larmes. Je ne *veux* rien faire. *Rien faire!*

– Bon, bon, dit l'Homme, de plus en plus effaré par sa nouvelle femme. Ne t'énerve pas comme ça.

Il vous regarde avec curiosité. Ses certitudes sur vous sont en train d'en prendre un coup. Vous sentez un petit frisson de plaisir. Comme le chante Marie-Paule Belle, être une garce, on doit pouvoir.

Pas du premier coup. Vous décidez de rembourser le chèque du loyer en vendant le plat en argent hérité de votre grand-mère.

4

Jeudi-vendredi. En France.

Si vous aviez espéré vous envoler comme une oie sauvage sans soucis, vous aviez tort. Votre sens des responsabilités prend, hélas, le dessus.

Vous commencez donc par établir une liste des choses que vous avez à faire avant votre départ parce que personne n'envisage de les faire à votre place. A vrai dire, vous êtes une maniaque de la liste. En dehors des défauts de l'Homme, vous faites des listes de tout. Vous adorez écrire sur de grandes feuilles de papier (et même, ô délices, avec des feutres de couleurs différentes) : « Courses Urgentes », « Téléphones avant le départ », « Corvées à prévoir au retour », etc.

Ce petit travail vous donne un sentiment exquis de devoir accompli.

Après quoi, vous perdez la liste.

Mais, aujourd'hui, pas question d'égarer quoi que ce soit. Avant de partir, vous devez absolument :

– Etablir de longues notes pour chaque dossier confié à Suzanne, agrémentées de recommandations : « Attention, le client ne paie jamais... même pas nous », ou : « Le juge chargé de l'affaire est misogyne : ne pas le voir en pantalons », ou : « Le président de la X Chambre est paternaliste : numéro 2 de la Faible Femme transformée malgré elle en Avocate », ou : « Le plaignant prétend que sa femme emporte son dentier à lui chaque fois qu'elle part en province voir sa mère : pour l'empêcher de courtiser la voisine, dit-elle. Vérifier la jurisprudence. » Etc.

– Emplir chez vous le réfrigérateur, le congélateur et les placards à pleins bords. Vous ne vous absentez que dix jours. Mais il est hors de question que votre petite famille reste « sans provisions » (un jour, vous écrirez un livre sur « *l'importance des provisions dans la mentalité de la famille française* », y compris la vôtre). Vous savez que Prunelle ne touchera jamais à vos épinards surgelés ni à vos poissons à la bordelaise (je *hais* le poisson). Non. Elle se nourrira chez McDonald de Big Macs et de frites froides. Quant à l'Homme, il ira au restaurant. Mais Mère Squaw se sentirait coupable d'abandonner Grand Chef et Tête Blonde sans qu'ils aient de quoi survivre six mois.

Vous prévoyez en outre deux ouvre-bouteilles de secours pour coca-cola, un kilo de peignes et vous cachez votre machine à calculer dont un chat mystérieux risque de s'emparer en votre absence.

Puis vous collez des papiers :

– Dans la salle de bains : « Merci de ne pas jeter le linge par terre, comme d'habitude, mais de le mettre dans le panier prévu depuis dix ans à cet effet – si! si! » (Vous n'avez aucune illusion, cette recommandation ne sera suivie d'aucun effet.)

– Dans la chambre de Prunelle : « Merci de porter tes jeans au moins deux jours de suite et de ne pas les enfouir ensuite sous ton lit ou derrière ta commode. Merci de les déposer dans le panier à linge de la salle de bains. Voir à salle de bains. » (Aucune illusion, non plus, de ce côté-là!)

– Toujours dans la chambre de Prunelle : « Si tu cloues des posters au mur, range, après usage, la boîte à outils dans les W.-C. et ne marche pas sur les clous par terre. » (Là, le mieux est de prier.)

– A côté du téléphone : « Merci de bien vouloir noter sur ce bloc les appels téléphoniques pour moi. Récompense. » En fin de compte, vous retirez votre note car, la dernière fois que vous vous êtes absentée quarante-huit heures pour plaider en province, les noms ont été tellement déformés que vous avez rappelé des gens qui vous ont répondu n'avoir pas pensé à vous depuis deux ans.

– Sur le frigidaire : « Ne pas oublier de rentrer le lait, le beurre, le jambon. Sinon, ne pas accuser ensuite l'épicier de vendre " de la cochonnerie qui tourne ". »

– Sur le placard à provisions : « Pour le chien Chavignol, tant que la première boîte de pâtée – avec morceaux entiers – n'est pas terminée, ne pas ouvrir toutes les autres. »

– A l'intérieur du tiroir à couverts, pour la femme de ménage : « Chère Lucia, ne vous étonnez de rien et ne vous sauvez pas avant mon retour, quoi qu'il arrive. » Là, vous n'êtes pas trop inquiète (vous avez tort), Lucia ayant déclaré qu'elle aimait mieux faire le ménage chez vous où vous étiez gentille et la payiez très cher, plutôt que chez elle où son mari n'arrêtait pas de l'embêter, sans la payer naturellement.

Puis vous inscrivez un peu partout les numéros d'urgence :

– Celui du médecin de famille (sans trop d'espoir, Prunelle ayant la manie de tomber systématiquement malade le samedi, jour où, non moins systématiquement, votre médecin part pour sa résidence secondaire avec ses propres enfants. Vous espérez qu'ils tombent malades, eux aussi, le samedi. Et vous vengent).

– Numéro de police secours et des pompiers que personne ne songe à regarder sur le cadran du téléphone. De S.O.S. dépannage télé (ça, ce serait un drame). Numéro de Chicatour pour vous joindre par radio dans votre île perdue. Là, votre mère en profite pour faire une scène. Quoi? S'il arrive quelque chose, on ne peut te joindre que par radio?... Tu es folle!... Vous l'avez donné aussi à Fille Aînée mais Petit Garçon l'a avalé immédiatement.

Fille Aînée est la seule à vous encourager à partir. « T'as raison de te barrer, remarque-t-elle, il faut savoir casser le quotidien. » Fille Aînée (qui est en réalité la fille de l'Homme et de sa première femme) a toujours eu un tempérament de militante de choc. « Ah! si je pouvais partir avec toi », soupire-t-elle. Vous aimez énormément Fille Aînée que vous avez élevée en partie, mais cette perspective vous donne froid dans le dos. Autant passer vos vacances avec le collectif de Femmes en Lutte.

Une fois l'opération « Départ de l'Ange du Foyer » terminée (l'état-major militaire français, toujours en retard d'une guerre, pourrait en prendre de la graine), Prunelle vous annonce, goguenarde, que sa copine de cœur, Ariane, l'a invitée chez elle pendant les dix jours de votre absence. A noter sur la liste : téléphoner à la mère d'Ariane pour la remercier et la prier de ne pas s'étonner si Prunelle prétend qu'elle suit un régime à base de pain, de beurre, de frites et de chocolat.

Et vous faites enfin vos bagages.

Vous en emportez toujours trop. Vous admirez follement les femmes élégantes aux vêtements jamais froissés qui ont l'art de se déplacer avec un petit sac Vuitton, un vanity-case Dior et un air hautain et tranquille. Vous, vous voyagez avec une tonne de choses qui ne tiennent même pas dans vos énormes valises et doivent finir de s'enfourner dans des sacs en toile tachés d'encre (par les enfants pendant leurs séjours en Angleterre) puis dans des pochons en plastique. Vous ressemblez perpétuellement, avec tous vos paquets, votre mine égarée et vos pantalons chiffonnés, à une émigrante. L'Homme prétend que vous êtes à vous toute seule une légion romaine en déplacement en Gaule.

C'est vrai.

La légion romaine emporte en campagne les impedimenta de chacun. C'est une méthode chez vos soldats de prétendre n'avoir besoin pour tout bagage et potage que de l'uniforme qu'ils ont sur le dos. Tous les vêtements de rechange : imperméables-pull-overs-bottes (s'il pleut), maillots de bain-shorts-serviettes de bain (s'il fait beau), jeux-radio-boîtes de peinture, etc. (s'il fait un temps moyen), les dix kilos de maquillage de Prunelle, les raquettes de tennis de l'Homme (qui ne joue pas mais qui aime jouer avec l'idée qu'il pourrait s'il voulait, hein!... encore jeune) sont transportés par un service spécialisé d'intendance. Vous. Plus la niche du chien et un plat en faïence qui serait mieux dans le

Lot qu'à Paris. Au retour, le même tonnage moins le plat en faïence mais plus un panier d'osier rempli de cerises-pommes-figues fraîches-noix (suivant saison). Sans oublier, s'il vous accompagne, le pot, le parc, la poussette, le lit pliant de Petit Garçon. Plus quelques vêtements de secours pour Fille Aînée – qui est de la race qui voyage exclusivement avec un petit sac mais vous pique votre robe de chambre à l'arrivée.

Un jour, les gendarmes vous ont arrêtée pour vous demander avec intérêt si vous pouviez respirer dans votre break familial.

Aujourd'hui, vous allez prendre votre revanche.

Vous n'emportez pour tout bagage qu'un sac. Oui. Un seul, un sac de marin. Avec deux maillots de bain, trois tee-shirts, deux paréos tahitiens, un masque de plongée et dix romans policiers. (Et un second petit sac pour l'avion. Tout de même!)

– Où est ta valise? demande l'Homme au moment de partir pour l'aéroport.

– Je n'en ai pas, répondez-vous gracieusement. Juste ce sac.

L'Homme regarde avec effarement.

– Tu ne vas pas voyager avec un sac de marin?

– Si. Pourquoi?

L'Homme n'en revient pas que vous, si bourgeoise, et qui êtes aussi et avant tout – ne jamais l'oublier – Sa Femme, vous vous trimballiez à l'autre bout du monde avec un sac de marin jeté négligemment en travers de l'épaule.

– On t'a bien changée, remarque-t-il avec un soupçon d'aigreur.

L'Homme n'aime pas du tout, mais pas du tout, votre changement.

5

Vendredi. Roissy-en-France.

Enfin, l'heure de vous rendre à l'aéroport arrive. L'Homme, Prunelle et Chien Chavignol ont décidé de vous y accompagner en voiture. Timidement, vous avez tenté de leur expliquer qu'un tel déplacement de groupe était inutile. Que vous étiez assez grande fille pour vous transporter seule vers Roissy-en-Rond. Que perdre une demi-journée de bureau et d'école et de jardin était idiot. Non. Ils veulent tous les trois vous faire le coup des adieux à Roissy. Vous avez beau vous défendre comme une diablesse. Rien à faire. La tradition française qui veut que l'on escorte les voyageurs jusqu'à la gare et maintenant jusqu'à l'avion et que l'on attende – avec une impatience réciproque – le moment de se séparer après s'être dit cinq fois au revoir, est ancrée en eux.

Vous n'avez pas osé leur révéler que vous auriez préféré les quitter trois heures plus tôt.

Ah! monter dans un taxi (tant pis pour les sous) avec votre sac de marin et dire nonchalamment au chauffeur : « A Roissy, monsieur, s'il vous plaît » comme une star habituée à parcourir les continents avec quinze valises et trois pékinois. Tourner le coin de la rue. Et, tout à coup, regarder Paris comme si ce n'était pas votre ville. Le cœur et la tête en vacances. Et oublier que vous y avez une famille, un chien, une maison, des clients, une associée. Ne plus être qu'un ange du foyer qui s'enfuit. Qu'un défenseur de la veuve et de l'orphelin sans plaidoirie. Déguster lentement le plaisir de devenir quelqu'un d'autre, l'espace de quelques jours.

Une amie vous a raconté qu'une fois elle avait dû redescendre d'un avion retardé de douze heures pour des questions techniques. Plutôt que de rentrer chez elle, elle était allée s'inscrire sous un faux nom à l'hôtel de l'aéroport. Pourquoi un faux nom? aviez-vous demandé avec curiosité. Puisque j'étais quelqu'un d'autre, avait-elle répondu, superbe. Vous cherchez un instant quelle personnalité vous pourriez emprunter. Golda Meir? Marlène Jobert? Agatha Christie? Danièle Mitterrand ou Mme Giscard d'Estaing (c'est ça qui ferait une belle pagaille)?

L'Homme jure. Avec tous ces embouteillages, vous risquez d'être en retard. Vous restez impassible mais vous paniquez intérieurement à l'idée de ne pas être en fait deux heures à l'avance. Vous avez triché en annonçant l'heure du départ à l'Homme. Pour traîner dans l'aéroport, boire un café, essayer des lunettes de soleil extravagantes, écouter les voix sirupeuses des hôtesses. Peut-être même envoyer un télégramme à l'Autre : « Je vous le laisse huit jours. Vous savez comment il est, j'espère. »

Enfin, vous voilà à Roissy. Il semble qu'il y ait un monde fou qui parte dans la direction des îles Maranas. Et dans le monde entier. L'aéroport ressemble à un supermarché en folie avec ses milliers de voyageurs courant en tous sens en poussant leurs caddies débordant de paquets.

Vous, vous avez une spécialité. Vous n'êtes jamais dans la bonne file. Il suffit que vous attendiez dans une queue pour que :

– aucune hôtesse n'apparaisse derrière le comptoir où vous patientez;

– le voyageur devant vous pose un problème insurmontable à la compagnie. Trois employés chuchotent interminablement entre eux tout en manipulant fiévreusement l'ordinateur;

– si vous changez de file, en écrasant des pieds

ennemis et en recevant des attaché-cases haineux dans le ventre, l'hôtesse, qui avait fait preuve jusque-là d'une activité frénétique, s'en va;

– le tapis roulant des bagages se bloque et que tout le monde attende longuement, les bras croisés, qu'il veuille bien repartir (Dieu des Tapis Roulants, aie pitié de tes malheureux pèlerins!);

– ou bien encore qu'au moment où c'est *enfin* à vous l'équipage arrive, superbe et triomphant, réclamant le droit de passer en priorité. Avec leur tonne de bagages.

C'est alors que vous comprenez que l'humanité a beaucoup perdu en oubliant l'usage de la prière. Répéter cinquante *Ave Maria* de suite ou treize *mantras* – en se balançant d'avant en arrière – peut aider à garder son calme. Naturellement, vous ne voulez pas infliger un tel spectacle à l'Homme, à Prunelle et à Chavignol. Vous serrez les dents. L'Homme et Prunelle s'ennuient visiblement mais refusent toujours de s'en aller. (Pourvu que vous résistiez à l'envie de les étrangler.) Chien, lui, pisse avec entrain sur toutes les valises qu'il peut. Provoquant des cris de colère que vous feignez de ne pas entendre. Mais non, madame, cet animal n'est pas à moi.

Enfin, c'est à votre tour ou presque. Il n'y a plus qu'une dame devant vous, accompagnée d'un jeune garçon en doudoune de ski aux manches tenues par des fermetures Eclair (c'est mode?). L'adolescent, qui s'ennuie, les enlève – zip, zip – et les pose sur le tapis roulant. Qui, plouf! démarre sans avertissement. Emportant les manches de ski. Hurlements de la dame. Au secours! Les manches de la doudoune de mon fils s'enfuient à Montréal. On les rattrape avec difficulté. (Les manches s'amusaient beaucoup de leur fugue et ne voulaient plus revenir.)

Ouf! C'est à vous. Vous sortez votre billet.

C'est alors que l'Homme, qui rôdait çà et là d'un air mauvais, revient haletant. Votre avion n'est pas annoncé sur le panneau d'affichage. Vous « avouez » que vous vous êtes un peu – beaucoup – trompée sur les horaires.

– Tu ne vas pas passer deux heures à attendre...

– Mais si... je vais... heu... m'acheter un maillot de bain. Et puis, comme cela, je serai inscrite la première pour avoir une bonne place.

Ce n'est pas vrai, ça non plus. Vous savez que, même si vous êtes la première passagère à demander un siège près du hublot, au centre de l'avion – pour mieux voir le film – et dans la zone non-fumeurs, vous aurez une place loin du hublot (vous ne verrez rien du paysage) au centre de la rangée (vous dérangerez tout le monde pour aller faire pipi et, hélas, vous faites souvent pipi), le nez sur l'écran (vous n'apercevrez du film que la main énorme de Burt Lancaster) et entre deux amateurs de cigares. Il y a comme ça des gens dont la tête ne revient jamais aux hôtesses de l'air comme aux vendeuses de vêtements. Vous en êtes.

L'Homme n'insiste pas.

De toute façon, c'est bientôt l'heure de son *body-building* avec Elle.

– Mets-toi à l'arrière, recommande-t-il, d'un air important. En cas d'accident, c'est là qu'il y a le plus de survivants.

C'est gai. Vous vous demandez, si vous disparaissiez en plein ciel, s'il épouserait l'Autre. Et Prunelle? Votre Prunelle adorée... qui rangerait ses affaires? Qui?

Vous repoussez cette tentation d'émotion. Vous sautez au cou de Grand Chef, de Tête Blonde et de Griffon Bâtard. Vous les embrassez follement. Et hop! avant qu'ils aient pu se lancer dans de longues recommandations, vous filez vers le tapis roulant du boyau de verre qui fait ressembler Roissy à un gigantesque intestin de l'an 2000.

Vous vous retournez pour un dernier geste d'adieu.

Au revoir, mes chéris.

A dans dix jours.

Dans 14400 minutes. A vivre pour vous toute seule.

6

Vendredi soir. En France.

Avec cet illogisme des hommes qui nous les rend si chers, le vôtre, qui avait protesté devant votre hâte à disparaître dans les entrailles de Roissy, à peine êtes-vous hors de vue qu'il galope comme un fou vers sa voiture. Suivi de Prunelle et de Chien Chavignol, un peu surpris. Le temps de les jeter en hâte à la porte du jardinet familial, il arrive à son club sportif, fringant comme un jeune homme. Si content qu'il n'hésite pas à tapoter d'une main vigoureuse les fesses de l'Autre. Ce qu'elle n'apprécie pas comme elle le devrait.

– Ça va pas, la tête? s'exclame-t-elle, un peu sèchement.

(En fait, vous soupçonnez la belle Mélissa de manquer totalement d'humour. Cela vous console un peu. Mais pas vraiment.)

– Je t'emmène à Honfleur pour le week-end, annonce l'Homme, avec emphase, en commençant ses exercices de saut à la corde.

A sa stupeur, aucun enthousiasme exagéré n'apparaît sur les traits de l'Autre.

– Qu'est-ce que t'as fait de ta femme? demande-t-elle placidement.

L'Homme est obligé d'avouer :

– Elle est partie pour dix jours aux îles Maranas.

Il prend l'air douloureux du mari abandonné. Cela n'émeut aucunement la culturiste. Elle a un sourire narquois :

– Avec qui?

L'Homme est indigné. Qu'il se soit, lui, posé la question, normal. Le mâle est jaloux de sa propriété par nature. Et un mari n'est-il pas propriétaire de sa femme, quoi qu'en disent les féministes et autres monstresses modernes? De quoi l'Autre se mêle-t-elle? Il ne va pas discuter de l'honorabilité de son épouse avec sa maîtresse.

– Comment avec qui? Mais toute seule!

– Ben voyons.

– Le médecin lui a prescrit du repos, répond l'Homme, avec une certaine hauteur.

– Elle a bien de la chance, soupire Mélissa. Moi aussi, j'aimerais partir... me retrouver...

L'Homme est prodigieusement agacé. Ces histoires de bonnes femmes qui veulent « se retrouver » lui échauffent sérieusement les oreilles. Mais, ayant quelque chose à demander à la féministe d'en face, il s'écrase, comme on dit vulgairement.

– On part demain, pour le week-end, à Honfleur? Je connais un petit hôtel formidable.

(Judas! Vous y avez passé ensemble l'anniversaire de vos dix ans de mariage. Judas!)

– Je ne suis pas libre, dit-elle, tranquillement.

– Comment ça, tu n'es pas libre?

– Ben non! J'ai une vie privée, moi aussi.

L'Homme en reste pantois. Il en loupe ses sautillements et trébuche dans la corde. Il manque s'étaler. L'Autre reste impassible :

– Enfin, t'es marrant! Tu es marié. On se voit deux fois par semaine. On baise. On est contents. On se pose pas de questions et les vaches sont bien gardées.

L'Homme est tellement sonné qu'il ne demande pas ce que cette histoire de vaches vient faire dans l'affaire. Il se contente de jeter rageusement par terre sa corde à sauter, en marmonnant qu'il est malade. Il l'est. Il doit affronter l'horrible vérité. Autruche lui-même, il n'avait pas voulu savoir ce qu'Elle faisait entre ses cours de *body-building* et ses visites à lui. Il sait.

Mais vous devez reconnaître une qualité à l'Homme, hélas. Quand il désire quelque chose, il s'accroche tel un ratier. Et l'Homme veut que l'Autre lâche tout pour passer le week-end avec lui.

Mélissa sourit, coquette. Quelle femme ne serait pas agréablement flattée de voir un homme mendier quelques heures avec elle?

(Sangsue! Messaline de gymnase! Carotte pourrie!)

L'Homme insiste comme un fou. (Oyez, bonnes gens, quel maudit c'est!)

Ils sont tous les deux, maintenant, accroupis sur le tatami d'un restaurant japonais. En fait, l'Homme déteste les restaurants japonais. Manger par terre à croupetons, toutes articulations craquantes et en chaussettes, lui gâche sa soirée. (Il a été obligé d'enlever ses chères Weston, révélant un petit trou au pouce droit de sa Burlington. Honte sur Vous!) Mais l'Homme a jugé plus diplomate de lâcher sur le dîner exotique pour obtenir le week-end sur la côte normande.

L'Autre se lève enfin et annonce à l'Homme

qu'elle va téléphoner. Elle s'éloigne en trottinant avec ses pantoufles japonaises jusqu'à l'appareil. Où elle se lance dans une discussion véhémente. Avec qui? Probablement un amant. Qui va à son tour téléphoner à une autre amie. (T'es libre demain? J'avais une réunion de pub qui s'est décommandée.) Qui, elle aussi, téléphonera à un copain. (Je ne suis plus libre demain. Ma sœur débarque.) Etc.

Si vous étiez là (idée folle), c'est ce que vous vous plairiez à imaginer. Cette chaîne de mensonges. Et de couples interchangés grâce à votre simple départ aux îles Maranas.

Malheureusement, l'Homme, au lieu de méditer sur la folie humaine, est en train de ruminer rageusement sa découverte. L'Autre a une vie double, triple, etc. Il surprend même un adorable sourire tandis qu'elle explique à ce « quelqu'un » mystérieux qu'elle a une réunion-surprise, en province, de clubs sportifs, etc. (N'importe quoi.)

Aussi, quand elle revient se raccroupir sur le tatami, l'Homme est d'une humeur de dogue. Il vient en plus de laisser échapper de ses baguettes malhabiles (l'Homme a également horreur de manger avec des baguettes) un morceau de sukiyaki dégoulinant de soja et de jaune d'œuf qui a taché son beau chandail de cachemire beige (une de vos folies).

L'Autre ne se doute de rien. (Vous l'aviez deviné. Aussi peu d'instinct qu'une vache.) Elle dit gaiement :

– Voilà. On peut partir demain.

Et l'Homme, au lieu de dire avec enthousiasme : « Superbe! » l'Homme, ce fou, demande, furieux :

– A qui tu téléphonais?

La belle Mélissa se ferme comme une huître.

– Cela ne te regarde pas.

Si, cela regarde l'Homme. Non, cela ne le regarde

pas. Mais cela ne fait rien. Il est égaré de jalousie. La dispute explose. Fous-moi la paix. Je suis libre. J'ai le droit de savoir. Des clous. T'es marié. Je suis libre (bis repetita non placent). Je rame sur mon propre bateau. (Tiens ça, c'est un proverbe grec.) Combien tu as d'amants? De quoi tu te mêles, mon petit bonhomme? Je ne suis pas ton petit bonhomme. Tu te conduis comme une pute...

Aïe, aïe, aïe.

L'Autre se lève, ivre de rage (bravo! bravo!), envoie violemment promener ses sandales japonaises (plof, plof) à la ronde, attrape son sac, saute dans ses escarpins pointus et vlan! claque la porte du restaurant.

L'Homme, d'abord saisi, se lève à son tour en hurlant : « Mélissa, reste ici! » et court derrière. Au passage, il saute dans ses mocassins. Hélas, ce ne sont pas les siens. Dans son trouble, il ne se rend pas compte qu'il galope dans des souliers étrangers.

Le propriétaire des chaussures (tout le restaurant s'est arrêté de parler et de manger pour regarder avec délice la dispute) pousse un hurlement. Mes Weston! Il se lève à son tour et s'élance, en sandales japonaises, à la poursuite de son voleur. Suivi du maître d'hôtel, peu soucieux de voir deux clients s'échapper sans payer l'addition.

La cavalcade – l'Homme hurlant : « Mélissa, reviens! » Mélissa hurlant : « Je t'emmerde! » Le client hurlant : « Mes chaussures! » Et le maître d'hôtel piaillant en franco-japonais : « Please, l'addition, missié... » – attire l'attention des passants toujours avides de distractions urbaines. Finalement, l'Homme rattrape l'Autre. Est rejoint lui-même par le client. Qui tente de lui arracher ses Weston. L'Homme se débat. Le maître d'hôtel japonais – pas du tout karatéka comme on aurait pu le supposer –

reçoit de la belle Mélissa un coup de sac dans ses parties viriles. Ce qui ne l'empêche pas, même courbé en deux, de continuer à crier : « Please, l'addition, missié. » (On ne célébrera jamais assez le sens du devoir chez les maîtres d'hôtel japonais.) La foule applaudit.

Hélas, le pire n'est pas toujours vrai. Tout le monde se réconcilie. Revient au restaurant. L'Autre consent à se laisser emmener le lendemain pour un week-end-à-Honfleur-dans-un-hôtel-à-treize-étoiles.

L'Homme est transporté de joie.

Il ne devrait pas.

7

La nuit de vendredi à samedi. Quelque part, dans le ciel.

Vous volez dans un énorme avion répondant au nom prestigieux de « Château de Talencé ». Il aurait mieux fait de s'appeler « Cage de La Balue » tellement vous avez peu d'espace pour caser vos jambes et vos coudes. Naturellement (ça, vous l'aviez prévu), vous n'avez pas obtenu la place que vous aviez demandée. Mais, en plus, vous êtes installée entre un type qui a une drôle de tête sous une nappe à carreaux de restaurant (sûrement un terroriste palestinien) et un Japonais *tout seul* (un Nippon isolé ne peut être qu'un terroriste, lui aussi). Vous examinez sournoisement autour de vous. Ce sont les deux seuls terroristes du coin. Vous serez donc aux premières loges en cas de détournement d'avion. Peut-être feriez-vous mieux de prendre carrément un somnifère pour ne vous apercevoir de rien.

Derrière vous, un jeune garçon agité n'arrête pas de flanquer des coups de genou dans votre fauteuil. Vous vous retournez en le foudroyant du regard, mais il s'en fout complètement. Ou bien il essaie de s'extirper de sa rangée en s'accrochant de toutes ses forces à votre malheureux dossier et vous secoue comme une branche de prunier. La nuit ne va pas être facile.

D'autant plus qu'un groupe de passagers du troisième âge transforme l'avion en volière de pigeons voyageurs. Il semble qu'ils aient parcouru le monde entier et s'interpellent joyeusement d'une rangée à l'autre :

– Hé, vous vous rappelez l'année dernière, au-dessus de Ténériffe, quand un des moteurs s'est arrêté...

Ils éclatent tous de rire.

Pas vous.

– Non, le pire, c'était cet orage de grêle en Yougoslavie. J'ai cru qu'on y restait, glousse une vieille dame, ravie.

Une autre ancêtre, au dentier collé par un bonbon, zozote :

– Dites donc, vous avez vu l'horoscope du journal, aujourd'hui? Accident à éviter pour les Capricornes. Y a des Capricornes parmi vous?

Oui, vous.

Heureusement, l'apparition du dîner les fait taire. Ils se jettent sur leurs plateaux comme une bande de loups affamés. Vous espérez que vous saurez faire preuve d'une telle vitalité à l'âge de la retraite.

Dans votre rangée, vos voisins sont moins causants. Le terroriste japonais mastique sa salade de poisson exotique, en regardant fixement devant lui.

(Il a tort : elle est fraîche.) Le terroriste palestinien, lui, retourne d'un air méfiant son pintadeau au vinaigre. Vous le comprenez. Un pintadeau au vinaigre, vous ne saviez même pas que cela existait. Vous partagez l'étonnement du Fils du Désert.

Vous décidez de vous offrir un quart de vin rouge (délicieux) et de vous laisser materner. Vous êtes tous une bande de poupons. On vous nourrit. On vous montre de belles images. On vous musique. On vous parle. Papa Commandant vous raconte à quelle vitesse vous volez et à combien de pieds vous êtes au-dessus des nuages. Quel pied. Les Mamans Hôtesses vous demandent tendrement si vous préférez du thé ou du café. Conservent-elles chez elles cette voix sirupeuse : « Les enfants, le pot-au-feu est prêt. Embarquement immédiat pour la salle à manger » ?

Après le dîner, sous l'effet de votre quart de rouge, vous vous détendez. D'autant plus que le cruel terroriste japonais s'est mis à ronfler. Ce qui vous rassure. Un cruel terroriste japonais ne saurait ronfler. Quand il aura ronflé dans vos oreilles cinq heures de suite, vous regretterez de ne pas avoir à vos côtés un cruel terroriste japonais éveillé. Peut-être pourriez-vous siffler ? Hélas, vous ne savez pas siffler. Ou lui enfoncer une paille dans le nez ? Mais s'il se réveillait mécontent et vous assommait avec un des nombreux appareils électroniques pendus à son cou comme un chapelet de crânes chez un coupeur de têtes papou ?

Une solution provisoire vous est apportée par la location d'écouteurs permettant d'entendre de la musique et le film en version française. Epatant. Pour vous. Pas pour le terroriste palestinien à votre gauche. Chaque fois qu'il tourne les boutons de ses écouteurs situés sur le bras de son siège, son dossier bascule brutalement en arrière, vlouff !

entraînant le Fils du Désert dans sa chute. Au grand effroi de la passagère derrière lui qui le reçoit sur les genoux et hurle en allemand. Au cinquième essai, le terroriste a la nappe à carreaux de travers et l'air de quelqu'un qui a vu le diable. Ce n'est pas cette nuit qu'il va détourner votre avion. Il appelle l'hôtesse. Qui appelle le steward. Qui appelle le mécanicien de l'avion. Il n'y en a pas. Ou alors il refuse de se déranger. Toujours est-il que le Palestinien continue à basculer sur le dos à chaque fois qu'il branche Mozart. Il finit par se décourager. Et reste raide sur son siège, avec la mine amère de quelqu'un que la vie a déçu.

De toute façon, le film n'a pas besoin de traduction. Ce ne sont que coups de feu et jets d'hémoglobine en tous sens. Les lumières sont éteintes. Tout le monde dodeline en regardant agoniser de vilains gangsters sur les trottoirs enneigés de Chicago.

Avant l'extermination du dernier méchant, vous vous levez, vous saisissez votre petit sac n° 2, vous écrasez les genoux du Nippon ronfleur (dont le ronflement change de stridence) et vous allez aux toilettes vous changer.

Vous avez toujours constaté avec surprise que vos journaux féminins préférés, si prompts à vous noyer de conseils sur tout (comment rester fidèle à son mari avec dix-huit amants, comment séduire la maîtresse du mari de la maîtresse de votre mari, comment avoir trente ans de moins en trente secondes au bureau, etc.), ne se sont jamais penchés sur le grave problème des voyageuses à destination lointaine.

Ou, tout bêtement : comment s'habiller ?

Doit-on se vêtir chaudement si on quitte Paris sous la neige ? Et débarquer à Colombo par 40° à l'ombre, en anorak et bottes fourrées. Anorak et bottes fourrées qui ne tiendront dans aucune valise ct qu'il faudra traîner tout au long du voyage, à la main ou dans un sac spécial.

Ou bien partir en tenue de toile et sandales. Et risquer la bronchite au départ. Au retour. Et même pendant le voyage.

Par suite d'une grève des aiguilleurs du ciel canadiens (qui aurait pu prévoir une grève des aiguilleurs du ciel canadiens?), votre amie Nicole, en route pour Tahiti, s'est retrouvée en paréo dans un hôtel de Montréal cerné par les congères. Une autre de vos amies, au retour d'un safari au Kenya, a atterri en tenue de brousse dans le brouillard lyonnais (le verglas interdisait d'atteindre Orly). Elle a dû monter dans un train spécial pas chauffé, une sagaie à la main, et regagner Paris dans cet équipage. Elle ne s'en est pas remise.

Etant prudente de nature, vous avez décidé de partir avec vos vêtements d'hiver et de vous mettre en tenue d'été dans les toilettes de l'avion. Vous vous apercevez que :

1) C'est un exercice de gymnastique délicat que d'enlever vos collants de laine et d'enfiler une blouse de coton dans le cabinet exigu d'un jet. Vous vous cognez les coudes partout. Vos vertèbres menacent de se déplacer à la suite de vos contorsions. Votre pull tombe dans le lavabo. Le voilà trempé. Impossible de le sécher avant de le glisser dans votre petit sac n° 2 où il mouille vos chers magazines féminins.

2) Vous n'êtes pas la seule à agir ainsi! Une longue file de passagers secoue furieusement la porte des toilettes. Des cris se font même entendre. Vous abandonnez l'idée de changer de pantalon et vous gardez le chaud en flanelle. Tant pis. Vous sortez précipitamment sous les regards haineux de la moitié de l'avion. Avec, aux pieds, une espadrille

jaune et une espadrille orange (vous avez emporté une paire dépareillée).

Vous retournez à votre place où vous réussissez à glisser dans une somnolence bercée par les ronflement nippons...

... quand, soudain, l'avion s'illumine brutalement. Tous les passagers sursautent. Ça y est. Détournement. Non. Le Japonais dort toujours et le Palestinien a conservé sa raideur sous sa nappe à carreaux.

Escale.

Il est évident que les escales sont programmées pour empêcher les passagers d'avoir une nuit de sommeil tranquille. Un planificateur sadique a prévu d'attendre qu'ils aient glissé dans un premier sommeil pour, hop! les réveiller et les jeter hébétés sur un aéroport à peine éclairé et aux boutiques fermées. (Le comble.) Ici, vice suprême, on vous tire de votre sommeil pour vous annoncer que les autorités locales vous interdisent de sortir de l'avion. On va vous garder assis – et réveillés – à votre place.

Vous comprenez pourquoi, quelques instants plus tard. Deux ressortissants de l'émirat inconnu où votre avion s'est posé entrent brusquement dans la cabine et vaporisent les passagers sans préavis et sans douceur d'un nuage d'insecticide à l'odeur infecte. Tout le monde suffoque et tousse. Il est évident que, pour l'émir du coin, vous êtes une bande de clochards couverts de poux et dévorés de puces qu'il faut désinfecter à fond. Vous imaginez la tête de Chien Chavignol si vous lui faisiez subir un traitement pareil. L'escale dure plus longtemps que prévu. On «refuelle», disent les hôtesses d'un air important. Vous croyez apercevoir le commandant à la porte de l'avion en train de discuter âprement avec un émir. Peut-être marchande-t-il le prix du pétrole pour l'avion? L'OPEP aurait-elle doublé le montant du baril depuis votre départ? Finalement, il semble que tout le monde tombe d'accord sur le prix. Ouf! Vous allez pouvoir redécoller et vous rendormir.

Non. On vous fait le coup de l'omelette.

C'est-à-dire qu'au moment où vous alliez à nouveau et à grand-peine glisser dans une douce somnolence bercée par les ronflements nippons (voir plus haut), l'avion s'illumine encore comme un son et lumière à Chambord et on vous flanque sous le nez une omelette chaude aux champignons.

Vous ne connaissez rien qui soulève plus le cœur d'une créature normale que l'odeur, après une nuit blanche, d'une omelette aux champignons, en guise de petit déjeuner. Vous n'êtes pas la seule à réagir ainsi. Tous vos voisins deviennent verts. Vous devez cependant rendre hommage au fait que l'omelette soit chaude. Ce n'est pas le cas du petit pain qui l'accompagne et qui, lui, est glacé. Il y a évidemment là un mystère. Pourquoi le pain n'est-il pas dégelé et l'omelette est-elle brûlante? Seuls les dieux lares de l'avion pourraient répondre.

Vous avez à peine fini votre petit pain gelé et un autre aux raisins bien compact (le pâtissier, en grande forme, n'a pas lésiné sur le sucre, les raisins et la farine pour former une balle bien épaisse qui gît pour plusieurs heures sur votre estomac) que l'avion plonge dans le vide. Le commandant a évidemment la nostalgie de sa jeunesse dans l'aviation de chasse et il fait un piqué remarquable sur la cible de l'aéroport. Pendant ce temps-là, vous remplissez à la hâte des cartes de police auxquelles vous ne comprenez rien, étant rédigées dans une langue inconnue et dans un anglais vague. Le problème le plus grave est de répondre e-xac-te-ment aux questions concernant l'argent que vous transportez (toute erreur sera sanctionnée de quinze jours de prison). C'est une grande merveille de voir tous les passagers fouiller furtivement leurs poches, sacoches et porte-monnaie divers (sans compter les manteaux ou les chaussettes) en essayant d'éviter que le voisin ne repère combien ils ont de sous et où ils les planquent – on ne sait jamais.

L'avion se pose un peu brutalement. (Le commandant poursuit sa guerre personnelle.) Tous les passagers se dressent alors et essaient de rassembler leurs affaires dans un désordre frénétique. Objectif évident : se ruer les premiers vers la sortie.

Les hôtesses hurlent : « Personne ne doit bouger avant l'arrêt complet de l'appareil. » A leur ton exaspéré, vous comprenez qu'à chaque atterrissage c'est la même précipitation folle. Devant les braillements de l'équipage, les passagers se rasseyent lentement. Pour se relever, tels des boudins à ressort, dès que l'avion semble s'être immobilisé. Pourquoi cette hâte démente ? Peut-être n'y a-t-il pas assez de place dehors pour tout le monde ? A moins que les retardataires ne soient abattus par les femmes de ménage.

Vous vous levez à votre tour de peur d'être écrasée par le Fils du Désert qui semble décidé à vous piétiner pour retrouver son chameau de toute urgence. Ce ne sont que clameurs confuses, claquements de sacs, agitation hystérique. Vous êtes poussée par le flot humain vers la porte de l'avion.

Et là, en haut de la passerelle, vous avez l'impression d'entrer dans un sauna bordé de cocotiers. La chaleur vous tombe dessus comme du plomb en fusion. Le soleil explose dans vos yeux. Vos pieds, dans vos espadrilles dépareillées, doublent de volume.

Le paradis est brûlant comme l'enfer.

Samedi. En France.

Pendant que vous atterrissez aux Tropiques, l'Homme dort encore dans le lit conjugal. (Vous n'avez jamais rien compris à cette histoire de décalage horaire et vous ne voulez même pas qu'on vous explique.)

La sonnette de la porte d'entrée retentit. Dans un vague brouillard, l'Homme entend. D'autant plus que Chien Chavignol se met à aboyer comme une meute à lui tout seul. L'Homme gémit, met un oreiller sur sa tête et crie :

– Prunelle, vas-y...

Ce qu'il ignore, c'est que Prunelle est déjà partie en classe en laissant un mot sur le fouillis de son bureau (où on le retrouvera un mois plus tard) : « Peti Papa, j'irez chais Ariane aprè l'école et j'ai pri mes affairs. Je téléphonerez la semaine prochaine. Bizous. »

La sonnette et le chien continuant leur bruit infernal, l'Homme est bien obligé de se lever et de descendre ouvrir la porte d'entrée. Derrière, un jeune homme en costume blanc de maçon, avec une écharpe de laine rouge.

Le jeune homme est très poli :

– Je voudrais parler à Maître Labran.

L'Homme a du mal à comprendre qui est « Maître » Labran. Enfin, ça lui revient. C'est sa femme. C'est Vous.

– Elle est partie pour dix jours, bougonne-t-il. Et nous n'avons pas commandé de travaux...

Le jeune homme ne bouge pas d'un pouce.

– C'est très ennuyeux, annonce-t-il. Je sors de prison et elle m'avait promis qu'elle m'aiderait...

– Je suis désolé, dit l'Homme un peu sèchement.

Il est très mécontent d'être réveillé en sursaut, un samedi matin. Par un Prisonnier Libéré de surcroît. Les clients (même honorables) ne sont pas supposés venir au domicile privé de leur avocat. Surtout quand c'est aussi et surtout le domicile de l'Homme.

Mais le Prisonnier Libéré ne semble éprouver aucun remords. Il reste là, sans bouger, attendant visiblement que l'Homme prenne une décision à son égard.

– Heu... allez voir son associée, marmonne l'Homme qui commence à avoir froid aux fesses dans sa veste de pyjama.

– Elle est en province : sa mère est malade, dit le Prisonnier Libéré plaintivement. Et puis la Vierge m'a bien recommandé de toujours m'adresser à Maître Labran.

L'Homme reste désemparé. La Vierge? Quelle vierge?

– Quelle vierge? demande l'Homme stupidement.

L'Homme n'est jamais à son avantage le samedi matin, surtout s'il a été réveillé en sursaut.

Le Prisonnier Libéré devient sévère :

– La Vierge me parle souvent, la nuit. Et moi, je parle à Maître Labran.

L'Homme regarde autour de lui d'un air égaré. Ce qu'il ne sait pas, c'est que votre client, considéré comme un « fou léger », passe son temps entre Sainte-Anne, la prison de la Santé, pour divers délits qu'il vaut mieux que l'Homme ignore, et l'escalier de votre cabinet d'avocat où vous le retrouvez régulièrement assis, à la suite de longues conversations privées avec la Vierge, les Ovni et le Zouave du Pont de l'Alma, son pote. Vous avez toujours un mal incroyable à vous débarrasser de tout ce petit monde en un seul Fou et vous ne saurez jamais comment il s'est diaboliquement procuré votre adresse personnelle.

L'Homme se ressaisit.

– Ma femme n'est pas là, dit-il fermement. Revenez la voir dans quinze jours à son cabinet. Pas ici, c'est chez moi... enfin, chez nous... enfin, c'est privé.

Et il claque la porte au nez de l'interlocuteur privilégié de l'au-delà.

L'Homme se dirige vers la cuisine. Furieux. Quelle drôle de clientèle vous avez. Cela dépasse les bornes. Il n'a jamais été d'accord avec le fait que vous travailliez. Même comme avocate. Il se promet de vous le dire à votre retour. En attendant, il va se remettre avec un grand petit déjeuner qu'il prépare lui-même puisqu'il n'y a absolument personne pour le faire pour lui. Il dérange autant de vaisselle que pour dix convives mais réussit cependant à passer son café, couper ses tartines, trouver le miel. (Bravo, mon chéri. Tu vois bien que, quand tu veux, tu peux.)

Après quoi, ragaillardi, L'Homme va prendre un bon bain avec vos sels moussants si coûteux. Malheur, la bouteille ne fera pas le mois. Il sifflote dans la mousse. Délicieux d'être célibataire. Surtout avec la perspective d'un week-end avec la belle Mélissa.

C'est alors qu'une idée le foudroie.

Que va-t-il faire du chien pendant le week-end à Honfleur avec Elle?

Oui. Que faire de Maître Chavignol?

Impossible de le laisser tout seul dans la maison, ou même dans le jardin. Il hurlerait à la mort. Les voisins appelleraient police-secours. Scandale. Rapport à votre retour. Soupçons. Reproches. Pourquoi diable ne pas avoir emmené cette pauvre bête avec toi se promener sur les plages normandes? Le bon air lui aurait fait du bien à lui aussi, etc.

Mais l'Homme ne désire pas s'encombrer de Monsieur Chien.

D'abord, rien n'est pire que d'entrer dans un hôtel avec un griffon bâtard, sinon avec un bébé. Les concierges les refusent carrément. Les maîtres d'hôtel les chassent à coups de torchon (les griffons bâtards: pas toujours les bébés; du moins quand on les surveille: les maîtres d'hôtel).

Mais, surtout, l'Homme redoute de mettre face à face l'Autre et votre chien. Il craint que la présence de ce dernier ne soit un rappel lancinant de votre existence. L'œil était dans la niche et regardait Caïn. Et puis Chavignol a ses petits travers. Il adore se jeter sur les pieds des dames et mordiller leurs chaussures. L'Homme imagine en frémissant d'inquiétude un week-end avec une maîtresse aux orteils rongés par le chien de sa femme.

Mais à qui le confier? A Prunelle, impossible. Les parents d'Ariane ont un berger allemand, et les deux bêtes se haïssent cordialement. A sa belle-mère? Evidemment, non.

L'Homme est en train de fouiller désespérément dans les recoins de sa mémoire à la recherche d'une âme compatissante lorsque des coups de sonnette impérieux le font sursauter. Est-ce l'Homme de la Vierge qui revient? Non, Chavignol jappe joyeusement.

L'Homme sort de son bain en grommelant (toujours dérangé dans cette baraque), attrape un peignoir, redescend l'escalier en laissant une trace humide et rouvre la porte d'entrée de la maison...

... pour trouver, sur le seuil, Fille Aînée sanglotante, tenant dans ses bras Petit Garçon, le tout entouré de valises, de ballots, du pot de chambre, de sacs en plastique, etc.

Fille Aînée se jette dans les bras de l'Homme qui reçoit à la fois une jeune femme bramante et un bébé mâchouilleur et particulièrement sale. L'Homme chancelle sous le choc.

– Qu'est-ce que...?

– Arnaud est un schizo! Un parano! Un mégalo! Je le quitte! hurle Fille Aînée.

– Mais... marmonne l'Homme assommé par une telle tornade (qui s'est levée, reconnaissons-le, au mauvais moment)... heu... attention, je suis tout mouillé... je sors...

Mais Fille Aînée n'écoute rien. Elle lâche Petit Garçon qui se met à ramper dans l'entrée (ce qui fait aboyer Chien) et jette valise, ballots, pot de chambre, sacs en plastique, etc., à l'intérieur de la maison. L'Homme l'aide machinalement.

– Au nom du ciel, peux-tu m'expliquer?

Rien du tout. Il ressort des explications enfiévrées de Fille Aînée que son mari est un chien... un crapaud... un crotale... Bref, Fille Aînée rentre chez ses parents et demande le divorce. Du reste, sa belle-mère n'est-elle pas avocate?

L'Homme rappelle tant bien que mal que sa belle-mère avocate s'est tirée aux îles Maranas et que lui comptait s'en aller paisiblement (il ose dire : paisiblement) sur la côte normande.

Mais Fille Aînée n'en a cure. Avec l'égoïsme des grandes douleurs, elle rééclate en sanglots encore plus déchirants. Quoi? Son père va l'abandonner dans un moment pareil? Déjà sa belle-mère est absente. Décidément, personne n'est là quand elle a besoin d'aide. Aujourd'hui ses parents – qui ne se sont jamais souciés d'elle, elle peut bien le dire maintenant – pourraient la consoler, la soutenir dans la plus grande épreuve de sa vie. Mais non. Ils s'en foutent.

L'Homme, ému, prend sa fille dans ses bras. La berce. Les hoquets de l'héroïne blessée s'apaisent.

– Bon, dit l'Homme, généreux, tu peux, bien sûr, t'installer ici pendant le week-end... et réfléchir...

... et garder le chien Chavignol.

Ça c'est la bonne, la merveilleuse idée. Quant au divorce, on verra ça demain, au retour de l'Homme. Il escompte que Fille Aînée se sera réconciliée avec Monsieur Gendre, avec la même impétuosité qui la fait divorcer tous les trois mois.

Par-dessus l'épaule de Fille Aînée, toujours blottie dans ses bras, l'Homme regarde sa montre. Enfer et damnation. Il est en retard. L'Autre va être très mécontente.

A cet instant précis, comme par télépathie, le téléphone sonne. L'Homme fait un bond vers lui. Mais Fille Aînée a été plus rapide. C'est sûrement ce chacal de Monsieur Gendre qui vient demander pardon au bout du fil.

– Ah! ah! ricane Fille Aînée triomphante, il peut se mettre à genoux, ramper, supplier... menacer de se suicider, jamais je ne lui pardonnerai... Jamais!...

Mais ce n'est pas Monsieur Gendre. Fille Aînée fronce le sourcil. Sa voix se fait soupçonneuse. C'est de la part de qui? L'Homme sent ses cheveux se dresser sur sa tête. C'est sûrement Elle.

C'est.

Très mécontente.

– Alors, qu'est-ce que tu fous? Je t'attends depuis une demi-heure.

– Heu... fait l'Homme qui perd pied, accablé par le ton de l'Autre et l'œil implacable de Fille Aînée. J'arrive... je t'expliquerai.

Et il raccroche.

Fille Aînée le regarde fixement. Qui c'est, cette bonne femme? J'espère que tu ne trompes pas ta femme dès qu'elle a le dos tourné?... Que tu n'es pas un salaud comme les autres... comme...?

Son visage se plisse. Elle va se remettre à ululer.

– Mais non, tu es folle, crie l'Homme qui s'embourbe dans des histoires vaseuses de compétition de saut à la corde, de *body-building* à Honfleur (sur le quai aux pêcheurs, sans doute), d'épouse charmante d'un ami culturiste qui n'a pas de voiture... mais que jamais... oh non, jamais... tu me connais, j'adore Mimi...

Le téléphone vient à son secours en sonnant à nouveau.

Fille Aînée refait un bond vers le téléphone. Cette fois, c'est sûr, c'est le Monstre.

Non, ce n'est toujours pas le Monstre. (Prudent, celui-là.)

Des cris aigus, des hurlements de terreur s'échappent de l'appareil : « Au secours! Au secours! Il va me tuer! »

L'Homme et Fille Aînée se regardent, affolés.

C'est alors que cette dernière révèle sa vraie nature. Qui est une nature de chef.

– Calmez-vous, madame, et expliquez-vous clairement.

Il apparaît qu'il s'agit de Jeanne Plisson, une de vos malheureuses clientes que le mari a la sale habitude de tabasser pendant les week-ends si la télé n'est pas bonne, c'est-à-dire, sans vouloir offenser personne, assez souvent. Vous lui avez donné votre numéro de téléphone personnel en cas de drame. On y est en plein. Jeanne Plisson est, d'une main, accrochée au téléphone et, de l'autre, cramponnée à la porte derrière laquelle son mari brandit un énorme cendrier en verre coca-cola.

Fille Aînée n'hésite pas. C'est bien votre héritière, sinon par le sang, du moins par l'esprit. Toute votre éducation se trouve brusquement justifiée.

– Tenez bon, madame, dit-elle farouchement, et donnez-moi votre adresse. J'arrive.

– Quoi? hurle l'Homme. Mais tu n'es pas avocate... et puis il va te tuer, ce dingue.

– Cette femme a besoin d'aide, dit Fille Aînée, dressée, telle Louise Michel, sur une barricade qui passe moralement à travers votre living. On ne peut pas laisser ce porc l'assassiner. Non-assistance à personne en danger. Garde le petit. J'y vais.

Et, avant que l'Homme ait pu réagir, Fille Aînée s'élance au-dehors et disparaît au volant de sa 2 CV pourrie.

L'Homme reste muet de stupeur. Les choses vont trop vite pour lui dans cette maison habituellement si calme.

Le téléphone resonne. Quelle matinée infernale! L'Homme se précipite. Si cela pouvait être Monsieur Gendre, il le prierait de venir im-mé-dia-te-ment reprendre sa femme et son petit garçon (tiens, où est-il passé, celui-là?). Mais ce n'est toujours pas Monsieur Gendre. C'est Elle. Soupçonneuse. Qui m'a répondu tout à l'heure, au téléphone? Je croyais que ta femme était partie aux îles Maranas et... Quoi, ta fille? Permets-moi de te dire qu'elle n'avait pas une voix de petite fille, la personne qui m'a parlé...

Et voilà l'Homme reparti dans des explications embrouillées : il ne s'agissait pas de Prunelle mais de Fille Aînée qui a quitté son mari pour rentrer chez son père d'où elle est ressortie pour se rendre chez une Femme Battue, en laissant Petit Garçon sur les bras de l'Homme (ce qui est une figure de style parce que Petit Garçon est toujours invisible

60

et inaudible, ce qui, comme chacun sait, est mauvais signe).

– Quelle femme battue? Quelle fille aînée? demande l'Autre, enlisée dans le marécage de l'incompréhension la plus totale.

Finalement la vérité se dégage.

Aïe, aïe, aïe.

L'Homme, dans un coquet souci de se rajeunir (et que celui ou celle qui ne l'a jamais fait lui jette sa première paire de lunettes), n'a pas avoué à la belle Mélissa qu'il avait une fille de vingt-deux ans et un petit-fils de deux. L'Autre a un choc.

– Mais alors, tu es grand-père! s'exclame-t-elle implacable.

L'Homme en prend pour dix ans. Ses épaules se voûtent. Ses joues adoucies par l'after-shave s'affaissent légèrement. De petites pattes d'oie griffent brusquement ses pommettes. (C'est dur, hein, mon pauvre chéri!)

S'ensuit une conversation un peu sèche entre l'Homme et la spécialiste en *body-building*. Bon. On verra cette histoire de grand-père plus tard. Pour l'instant, l'Homme a trouvé une solution. Il va ramener Petit Garçon à Monsieur Gendre et filer chercher Mélissa. A tout de suite. J'arrive.

Mais retrouver Petit Garçon n'est pas facile. Il a tout simplement disparu. L'Homme panique. Il crie : « Petit... petit... » comme s'il appelait une bande de poulets. Enfin, une trace suspecte le conduit à la niche de Chavignol. Petit Garçon est là, en train de suçoter l'os de caoutchouc de Chien.

Mais où est Chien?

Chien, lui, a disparu.

Totalement.

9

Samedi. Dans un aéroport tropical.

C'est l'enfer de Dante. Dans une chaleur torride, un vacarme effroyable, une pagaille inouïe, poursuivis par les clameurs incompréhensibles et incessantes des hôtesses dans des haut-parleurs nasillards, les passagers, blêmes, hagards d'une nuit blanche, rescapés de l'omelette aux champignons, courent en tous sens à travers l'aéroport. Vous parmi eux. Aucun membre de votre famille ne vous reconnaîtrait. Votre pantalon de flanelle, vos espadrilles dépareillées jaune et orange et votre chemisier noir dans lesquels vous ruisselez ont l'air de sortir mal essorés d'un chaudron de sorcière. Vous avez traversé la piste, à pied, sous un soleil calcinateur. (Ayant appris que vous étiez dans l'avion, les aiguilleurs du ciel ont fait stationner le Boeing à trois kilomètres des bâtiments et arrêté les bus de transport des passagers.) Vous avez fait la queue aux contrôles de police et de santé et constaté que le fait d'être au bout du monde ne vous empêchait pas d'être toujours la dernière aux files d'attente.

Pour l'instant, vous essayez de récupérer votre sac de marin sur un tapis roulant qui avance par saccades et vomit des bagages écrasés que les voyageurs excédés (« C'est drôlement lent, leur système », « les bagages ont dû suivre par bateau, c'est pas possible ») se bousculent pour attraper. Beaucoup de valises sont identiques. Vous voyez deux dames se battre pour la même Samsonite blanche. Elles finissent par l'ouvrir. Et la refermer précipitamment d'un air dégoûté. La Samsonite était à une troisième dame (vous ne saurez jamais ce qu'il y avait dedans).

Seul le groupe du troisième âge a gardé son entrain et sa fraîcheur. Actifs, gais, fringants, les joyeux retraités ne semblent souffrir ni de fatigue, ni de chaleur, ni même d'un lumbago. Vous les détestez. La dame au dentier a même trouvé une fleur (où? quand? comment?) qu'elle a plantée gaillardement dans ses cheveux blancs impeccables.

Enfin, votre sac de marin apparaît sur le tapis roulant. Il vous semble qu'il a chaud, lui aussi. Il a gonflé. « Porteur? » Pas de porteur. Vous viviez dans l'idée qu'il y avait un chômage épouvantable dans les trois quarts du monde. Peut-être. Mais pas ici.

Tant pis. Telle une fourmi tirant son énorme proie (où est la créature qui est partie pimpante de chez elle, il n'y a pas vingt-quatre heures?), vous traînez, haletante, votre scarabée, pardon, votre gros sac, à la douane.

Où le douanier se jette sur votre petit sac n° 2 et en sort votre pull mouillé, qu'il regarde avec surprise, et vos journaux féminins favoris. Il les consulte page par page tout en vous jetant des regards sévères. Allons bon. Un antiféministe. S'il faut avoir une discussion sur le rôle de la Femme dans la Société Moderne avec un douanier cinghalais (en quelle langue?) par cette chaleur, dans cette clameur d'enfer et après une nuit blanche, vous préférez aller tout de suite en prison.

Mais, brusquement, le douanier vous rend vos magazines en vrac et trace sur vos sacs des signes cabalistiques à la craie. (Qu'est-ce qu'ils veulent dire? A surveiller? Lit des revues subversives?) Et vous fait signe de filer.

La fourmi épuisée titube vers la sortie où, miracle, un porteur se précipite vers vous. Enfin. Mais le porteur ne fait aucun geste pour vous délivrer de vos bagages. « Taxi ? » Non. Pas taxi. Vous avez rendez-vous avec le représentant de Chicatour qui doit vous aider à prendre la correspondance pour les îles Maranas. Le porteur vous montre une rangée d'honorables correspondants qui agitent des pancartes. Kuoni. Deltatour. Orientour. Euro 7. Transasia. Tous sont là. Mais pas Chicatour. Ça, vous auriez pu le parier également. Votre porteur vous regarde d'un air compatissant. Il ne porte toujours rien mais sa présence vous réconforte. Vous avez un ami sur cette terre.

Au moment où vous songez à vous asseoir sur vos sacs en pleurant, surgit un petit homme tout maigre et tout noir. C'est Chicatour. Vous manquez l'embrasser.

C'est alors que dans un doux murmure anglo-indo-franco-touristique, il vous annonce la nouvelle.

Vous n'avez pas de place dans l'avion pour les îles Maranas.

Vous lui souriez gentiment. Mais si. Mais si. Vous avez un billet pour l'avion de 14 h 40 (heure locale) d'Air Marana avec O.K. dessus. Chicatour sourit et hoche la tête. Oui, vous avez un billet avec O.K. dessus mais il n'y a pas de place dans l'avion. Vous souriez toujours (bêtement). Peut-être n'y a-t-il pas de place pour les AUTRES, ceux qui n'ont pas comme vous un billet avec O.K. dessus. Mais Chicatour est têtu. Tout ce qu'il sait, c'est que l'avion est complet pour trois jours. Pardon ? Qu'est-ce que vous avez dit ? L'avion est complet-*full*, madame, pour trois jours-*three days*... Beaucoup de gens aller aux îles Maranas, madame. Oui, d'accord, beaucoup de gens aller aux îles Maranas, mais ont-ils des billets avec O.K. dessus ? Chicatour hoche la tête avec un doux sourire. Ils ont TOUS des billets avec O.K. dessus, mais vingt et un devront rester sur le carreau sale de l'aéroport... dont vous.

Alors là, c'est trop. Vous n'allez pas passer vos vacances dans un aéroport et voir gâcher 4 320 minutes de vos rêves. Vous poussez un feulement qui fait sursauter jusqu'au directeur de l'aéroport blotti dans son bureau à air conditionné. Dans un élan de folie, vous menacez Chicatour de vous coucher par terre devant le comptoir d'Air Marana et d'y faire la grève de la faim jusqu'à ce que la compagnie remplisse ses engagements et vous fasse monter dans l'avion.

Votre air hystérique, votre tenue étrange (une espadrille jaune, une espadrille orange), la façon dont vous faites tournoyer votre sac n° 2 convainquent l'honorable correspondant de Chicatour que vous êtes capable de tous les scandales. Il verdit.

— Donnez-moi... billet... passeport, murmure-t-il.

Vous les lui tendez.

Il disparaît dans la foule.

Vous vous demandez avec inquiétude si vous avez agi raisonnablement. Rien ne vous prouve qu'il va revenir. Et que ferez-vous seule dans ce pays inconnu, sans billet, sans passeport, sans ami? Personne ne retrouvera jamais votre trace. Vous disparaîtrez dans la chaleur et dans la foule, comme un glaçon sur une plaque chauffante.

Mais si, vous avez un ami. Le porteur. Il est resté à vos côtés pendant l'épreuve. Il se rappelle à vous en vous tendant la main. Avec la ferme intention d'être payé. Payé de quoi? Il n'a rien porté. Payé quand même. Après tout, il est resté près de vous dans les moments difficiles que vous venez de vivre. Et il semble qu'il ne fasse pas trop confiance à Chicatour pour revenir. Mais payé comment? Vous n'avez pas eu le temps d'aller changer de l'argent à la banque où les passagers s'agglutinent dans une nouvelle queue (après la douane, la police, la santé, les bagages, c'est la cinquième). Vous ne voulez pas y aller. Vous craignez que, si vous quittez l'endroit où vous êtes plantée (dans un passage sûrement, à la façon dont vous êtes bousculée et recevez toutes les valises dans les tibias), Chicatour – s'il revient – ne vous retrouve jamais.

Vous ouvrez donc votre porte-monnaie et vous tendez à votre ami, le porteur, une pièce de cinq francs français qu'il considère avec horreur. Il secoue la tête. Il n'en veut pas. Vous tenez à signaler à messieurs les ministres des Finances, de l'Economie et des Relations extérieures réunis que la monnaie française n'est pas du tout appréciée par les porteurs cinghalais.

– Dollars, dit-il, crûment.

Vous n'avez pas de dollars. *No dollars.* Il vous regarde avec l'air douloureux de quelqu'un qui a perdu son temps. Pour adoucir sa peine, vous lui tendez une pièce de dix francs français qui, après examen, lui plaît – le côté doré, peut-être.

Il se dissout instantanément dans la foule.

Revient, ô divine surprise, Chicatour, brandissant un petit papier. Vous devez immédiatement vous glisser par une porte dérobée dans la salle d'attente d'Air Marana. Vous ne discutez pas. Vous vous y précipitez, vous et vos sacs, après avoir tendu un joli billet de monnaie française qui disparaît, lui, magiquement et sans histoire, dans la main de Chicatour. Vous surgissez dans le dos d'une dame en sari rose en train de repousser une horde de voyageurs qui – si vous interprétez correctement leurs cris rauques – ne peuvent pas monter dans l'avion d'Air Marana avec des billets O.K.

Vous tirez discrètement le pan du sari rose et vous montrez le petit papier. Sans hésitation, la dame, qui porte au front le signe rouge de Kâlî, déesse de la mort – c'est gai pour une hôtesse de l'air –, vous l'arrache et vous rend votre billet, votre passeport et une carte d'embarquement. Et vous fait signe d'aller vous asseoir dans la salle d'attente.

A la vue de ce passe-droit flagrant, les cris rauques des passagers deviennent barrissements hystériques. Des doigts vengeurs vous désignent pour la guillotine. Ce qui laisse parfaitement impassible la déesse Kâlî qui continue à jurer que l'avion est complet, *full*, pour trois jours, etc.

Hélas, vous ne sentez en vous aucun esprit d'entraide, de solidarité avec les infortunés qui vont camper soixante-douze heures dans la poussière de Sri Lanka. Plutôt un sentiment de lâche soulagement. Sauvée. Vous êtes sauvée. Peut-être les voyages forment-ils l'égoïsme ? Le sucre volé est le plus doux, dit justement le proverbe hindou.

10

Samedi. En France.

L'Homme et l'Autre filent sur l'autoroute A 13. Dans un silence crispé. L'Autre est d'une humeur à couper au couteau.

D'abord, l'Homme a dû retarder, par deux fois, le départ. Il n'a jamais pu mettre la main sur Monsieur Gendre, prudemment planqué chez sa mère. Et Fille Aînée est revenue très en retard de son expédition de Défense des Femmes Battues. Ravie de s'être comportée en héroïne. En fait, le mari brutal a failli avoir une crise cardiaque en voyant déferler sur lui une Combattante des Droits de la Femme en treillis kaki et mouchoir noir des anarchistes sur la figure. La police n'a rien compris. Appelée au secours d'une femme en danger, elle a dû extraire d'une cave un colosse terrorisé qui prononçait des paroles incohérentes, derrière un tas de charbon.

Fille Aînée est donc rentrée d'excellente humeur, parlant de reprendre ses études de droit négligées. Militer pour les minorités bafouées dans cette société pourrie lui botte. Elle récupère Petit Garçon, tout content, lui, d'avoir entièrement rongé le bas de vos chers rideaux. Le chéri est dans sa période anale, déclare sa mère à l'Homme, inquiet de vos réactions à votre retour.

Et l'Homme a pu partir, enfin, pour Honfleur.

Après avoir récupéré une Mélissa boudeuse.

Mais sans avoir retrouvé Chien Chavignol.

Il retrouvera Chien Chavignol sur l'autoroute de l'Ouest...:

... à l'arrière de sa propre voiture.

Vous auriez pu le prévenir. Si l'Homme écoutait ce que vous lui racontez le soir en vous couchant, au lieu de boire par ses deux oreilles des émissions sur « la Sémiotique du Discours dans l'Univers Carcéral » (traduction libre : « de quoi on jacte en taule »), l'Homme saurait que votre griffon bâtard bien-aimé a une passion : se faufiler dans le garage familial puis – si une glace est restée ouverte – dans la voiture, se cacher sous votre siège, faire le mort quand vous démarrez et ressortir gaiement, ouah! ouah! quand vous êtes trop éloignée de la maison pour le ramener.

– Ouah! ouah! fait joyeusement Chien Chavignol au moment où l'Homme arrive à l'échangeur de Rocquencourt.

De saisissement, l'Homme manque flanquer la voiture dans le rail de l'autoroute. L'Autre pousse un hurlement. D'où sort cette bête? Qu'est-ce qu'elle fout là? L'Homme avoue piteusement qu'il n'en sait rien. Il le connaît à peine. C'est le chien de sa femme.

– Il a dû se glisser dans la voiture, constate-t-il niaisement.

La culturiste pince les lèvres. Que va-t-on faire de ce sale clebs? Pas question de le ramener à la maison. Ni de l'abandonner sur l'autoroute.

Vous ne jureriez pas que cette idée infecte ne traverse pas l'esprit de l'un ou de l'Autre. Mais, Dieu merci, personne n'ose.

Et c'est dans un silence menaçant que l'Homme, Elle et Chavignol (le seul ravi de l'équipée et qui essaie de lécher affectueusement l'oreille de l'Homme, à la grande exaspération de la belle Mélissa) rencontrent la pluie.

Une pluie sinistre. Une pluie froide. Une pluie grise.

Le week-end promet d'être charmant.

Si vous saviez ça, vous, dans votre chaudron de sorcière, ça vous aiderait à survivre.

11

Samedi. Aéroports tropicaux et arrivée aux îles Maranas.

Vous attendez toujours, dans la couveuse à passagers qu'est la salle d'attente d'Air Marana, le départ de l'avion. Vous avez faim. Vous regrettez même l'omelette aux champignons. Vous vous contentez de deux morceaux de pain-Michelin entourant une tranche de gras rose allemand baptisé jambon à la suite d'une erreur d'ordinateur, le tout emballé sous plastique japonais.

Rien à faire sinon dormir. C'est alors que vous vous apercevez que les ronflements nippons vous manquent. Allons bon. Allez-vous devoir importer un ronfleur japonais personnel ou commander une cassette spécialement fabriquée pour vous par Sony? Vous imaginez la tête du vendeur. Cher monsieur, figurez-vous que je ne peux plus m'endormir que bercée par des ronflements japonais.

Est-ce un cas de divorce? (Jurisprudence?)

Vous venez à peine de fermer les yeux sur ce grave problème qu'une voix féminine vous interpelle :

– C'est bien aux Maranas que vous allez?

Diable, oui. Il ne manquerait plus que cela que le représentant de Chicatour vous ait sournoisement embarquée pour une autre destination.

– Moi, cela m'est arrivé, reprend gaiement la voix. J'allais à la Guadeloupe. Je me suis retrouvée au Togo. J'y ai passé du reste de très bonnes vacances.

Peut-être. Mais vous ne voulez absolument pas aller au Togo aujourd'hui. Du reste, où est-ce, le Togo? En bas, à gauche sur la carte, non?

Vous ouvrez les yeux. La créature du sexe féminin qui s'est assise à côté de vous rayonne de bonne humeur, malgré quelques kilos de trop, un petit nez de musaraigne et des cheveux ébouriffés. Elle est habillée dans un style ravageur étourdissant : blouse transparente rose, mini-jupe verte et escarpins pointus à lanières roses et vertes. Elle se penche vers vous et chuchote :

– Vous y allez pour vous amuser ou pour vous reposer?

Oh! la la! Vous y allez pour vous re-po-ser. La dernière chose dont vous ayez envie, c'est de par-ler. La créature compatit. Mais continue à vous parler néanmoins. Comme elle vous comprend. Il y a des moments dans la vie où il faut se reposer – en silence. Hélas, ce n'est pas (visiblement) son cas aujourd'hui. Elle vient, elle, aux îles Maranas pour chasser. Ah bon! on chasse aux îles Maranas? Oui, l'Homme.

Sylvie est relieuse d'art-encadreuse-un peu brocanteuse. Métier qui lui permet tout juste de survivre convenablement et de partir une fois par an pour Dix-jours-de-rêve au bord de mers somptueusement ourlées de plages sublimes où elle peut vivre avec frénésie des orgies d'amours de vacances.

En sept minutes, vous savez tout de sa vie. Divorcée, sans enfant, elle vit en célibataire. Mais elle se sent moins seule que quand elle était mariée. Car, observe-t-elle gaiement, je ne suis seule de personne. C'est moins affreux que d'être seule avec quelqu'un.

En conséquence, votre philosophe refuse toute liaison sérieuse et ne « s'éclate » que pendant ces dix jours privilégiés. Elle vit alors sans contrainte, ni promesse, ni vertu. Le pied, ajoute-t-elle sobrement, vous comprenez?

Parfaitement. Simplement, vous aviez cru jusqu'ici que le mâle affamé d'étreintes sans lendemain sous les cocotiers se chassait au Club Méditerranée, ministère bien connu de la Communication des sexes. Sylvie rigole. Foutu, le Club, trop de concurrence. Toutes les minettes y sont. Sans compter les autres. Elle a vu, de ses yeux vu, un groupe d'Américaines du second âge arriver au pas de course du fond de l'Idaho pour violer le premier G.O. qui passerait à leur portée.

Maintenant, le mâle se débusque dans les îles perdues de l'océan Indien. A la bonne franquette.

« J'ai cessé de me mordre les joues pour les rendre creuses », s'exclame en riant votre nouvelle amie.

Cette conversation passionnante est interrompue par des clameurs aiguës.

Une Italienne (du moins d'après ses vociférations), très élégante et bronzée (en institut, précise Sylvie qui a l'œil perçant d'une Sioux sur le sentier de la guerre), se tord les bras, s'arrache les cheveux, roule les yeux dans tous les sens. De ses lèvres sort un cri rauque :

– *La mia valigia... La mia valigia...*

Un monsieur à l'air noble de sénateur romain lui tient la main. Le petit représentant de Chicatour tente vainement de la calmer. (Ce n'est décidément pas son jour à ce pauvre homme.)

Sylvie est déjà au courant. La dame italienne et déjà bronzée est la maîtresse du sénateur romain mais ce n'est pas pour cela qu'elle mugit. Non, c'est plus grave. Elle a perdu sa belle valise pleine de robes époustouflantes avec lesquelles elle comptait épater les populations des îles Maranas. Miss Vuitton, par on ne sait quelle perversité, ne s'est pas arrêtée à l'aéroport de Colombo. Elle a continué toute seule son voyage vers Singapour. Le correspondant de Chicatour danse un ballet d'apaisement autour de l'Italienne rugissante et lui jure qu'il va s'occuper per-son-nel-le-ment de récupérer la fugueuse. Il l'aura demain. Il le jure sur Vishnu. Vous pariez avec Sylvie que Miss Vuitton ne reviendra jamais de Singapour. Elle va se marier dans un coin d'entrepôt avec un ballot militaire et ils auront beaucoup de petits sacs U.T.A. Et la belle Italienne va passer le reste de ses vacances, par 40° à l'ombre, en robe de laine, talons aiguilles et veste de vison.

Tout à coup, vous voyez le visage de Sylvie se décomposer.

– Vous avez vu?

– Quoi?

– Les deux routardes.

Viennent en effet d'entrer dans la salle d'embarquement deux ravissantes jeunes personnes de type scandinave, munies de sacs à dos, de minuscules shorts effrangés et de jambes de déesses. Sylvie en prend un coup. Elle marmonne entre ses dents. Concurrence déloyale. Des Suédoises. Les pires. Ne reculent devant rien, même les pêcheurs locaux. Il va falloir ruser.

Peut-être même changer d'île. Carrément.

Trop tard.

La dame en sari rose se met à glapir des mots incompréhensibles dans son micro. Tous les passagers se regardent. Qu'est-ce qu'elle dit? Annonce-t-elle le départ pour les îles Maranas? Non, ce n'est pas l'heure! Cela ne fait rien. On part quand même. L'adepte de Kâlî fait des gestes frénétiques. Vous galopez tous vers la porte criant « Maranas? Maranas? » Oui. Oui. *Quick. Quick.* Vous allez être en retard. Comment ça en retard? Voilà trois heures que vous attendez là. Inutile de discuter. Vous re-voilà sur la piste de l'aéroport, toujours sous un soleil calcinateur, en train de cavaler vers un petit avion pas très propre, il faut bien le dire. Va-t-il tenir le coup jusqu'à destination?

Il résiste même à l'atterrissage aux Maranas et s'arrête à un mètre de la mer. Ouf! Un souffle de vent, un zéphyr, un rien et votre avion de poche – et vous dedans – se transformait en jouet à requins. De grands cris de joie s'échappant du cockpit vous apprennent que les pilotes ont engagé entre eux un pari à qui s'approcherait le plus de l'eau. Le vôtre a gagné. Vous préférez ne pas être dans le prochain vol.

L'aéroport des îles Maranas est constitué d'un

simple hangar où s'entassent une quantité incroyable de gens divers et agités. Contrôles habituels. Santé (vous faites la queue, la dernière). Police (vous faites la queue, la dernière). Et douane.

Le douanier maranéen éprouve la même passion que son collègue cinghalais pour vos journaux féminins favoris. Le voilà à son tour qui se met à les inspecter fiévreusement, les retourner en tous sens (il lit même à l'envers), les boire du regard. Cela commence à vous intriguer fortement.

– Il cherche des photos de femmes nues, vous explique alors un touriste belge. C'est interdit en pays musulman. Pour peu que votre homme soit un adepte de Khomeiny, vous risquez une amende et même la prison.

– Exact, dit Sylvie gaiement, j'ai entendu parler d'un type en Zambie qui a passé quinze jours en taule pour un simple reportage dans *Paris-Match* sur les filles du Crazy Horse Saloon.

Vous retenez votre souffle. Vous imaginez vos dix jours de rêve (neuf maintenant) passés dans une prison maranéenne avec les cafards et un peu de riz collé à l'eau. C'est cela qui serait gai et confortable.

Vous maudissez silencieusement les rédacteurs en chef inconscients qui bourrent leurs journaux de seins nus, de fesses déculottées, de sexes en tous genres. Sans songer aux malheureux voyageurs qu'ils vont livrer aux foudres d'ayatollahs pudibonds.

Merci, petit Jésus, votre douanier n'a pas trouvé de seins qu'il ne saurait voir. Il trace à son tour des signes cabalistiques à la craie sur vos sacs. Vous vous demandez comment les vérificateurs s'y retrouvent entre eux. La prochaine fois, vous apporterez votre propre boîte de craie et vous ferez le travail vous-même.

Et, *enfin*, vous entrez dans votre rêve.

On vous installe avec vos bagages dans une vieille barque à moteur, au milieu de caisses, de barils, de cartons, de bidons, de containers, de régimes de bananes (un véritable ravitaillement), et vous voilà partie avec vos compagnons sur une mer bleu indigo, lisse, douce, féerique, parsemée çà et là du vert foncé de quelques îles entourées de lagons émeraude.

Sylvie fait traîner sa main dans l'eau. Délicieusement tiède, murmure-t-elle, extasiée.

Le soleil n'est plus calcinant mais adorablement chaud et vous pourriez jurer que l'air sent bon. Vous êtes dans le bonheur et le décor d'un film d'Hollywood. Non, c'est encore mieux.

L'îlot de Khadji-Furu grandit à l'horizon, l'un des plus petits des Maranas. Blancheur déchirante du sable fin comme de la poudre. Cocotiers et palmiers. Quelques bungalows. Le récif de corail entoure le lagon et le protège. Pas un souffle de vent.

Le paradis.

Vous débarquez dans votre carte postale.

Et vous vous brûlez immédiatement les pieds.

A 5 heures de l'après-midi (heure locale), le sable est encore capable de cuire un œuf à la coque. Et vous avez commis l'imprudence d'enlever vos espadrilles dépareillées qui vous donnaient décidément des complexes. Vous vous mettez à courir vers la réception de l'hôtel plus vite que vous et votre dignité l'auraient souhaité. Les autres touristes galopent derrière vous. Pour vous empêcher d'avoir le meilleur bungalow avec vue sur le lagon. Vous entendez néanmoins au passage les réflexions de clients déjà solidement installés dans l'île et vautrés dans des chaises longues et dont la grande distraction consiste à voir débarquer le contingent de Peaux-Blanches du jour. Sous leurs regards moqueurs brillant dans leur odieux visage déjà bronzé, vous vous sentez blême, fatiguée, sale.

– Tiens, c'est sûrement une Française, s'exclame en français un individu jeune mais un peu chauve (bien fait!) à sa femme luisante de crème solaire. Elle a bien une tête de Française.

A sa voix, vous doutez qu'il s'agisse d'un compliment. Il vous interpelle :

– Parlez-vous français ?

– Mal, répondez-vous. (Qui peut se vanter de *bien* parler le français ?)

Mais le compatriote ne se tient pas pour battu. Il vous prévient :

– Ici, il n'y a pas l'air conditionné. Pourtant, c'était dans le prospectus. Mais l'air conditionné, c'est dans une autre île, qu'il paraît. Et on vous fait pas de réduction...

Vous vous en foutez. Vous n'avez qu'un désir : vite, un bungalow pour vous écrouler.

Vous sortez vos « bons d'hôtel ». Languissamment, le directeur de l'hôtel de Khadji-Furu, à moitié couché dans un fauteuil derrière son bureau, vous tend une clef qu'il pêche derrière lui. Vous ne la prenez pas. Vous expliquez dans votre sabir franco-anglais-touristique que vous tenez à avoir une chambre loin de tout bruit de musique. Vous êtes très fatiguée. Epuisée. *Bad Sleep*, vous avez. Le gérant sourit gentiment et vous tend une deuxième clef. Vous souriez à votre tour et vous lui demandez de jurer que vous êtes loin du groupe électrogène ou de toute autre pompe bruyante. Il saisit alors, non moins nonchalamment, une troisième clef. Celle-là, c'est la bonne. Celle du bungalow le plus éloigné de tout (y compris de la salle à manger), celui à la lisière du coin de broussailles non défriché, un peu marécageux, où l'on jette les ordures.

Celui des moustiques.

Vous le savez immédiatement en entrant dans votre chambre. Une énorme moustiquaire pend au plafond. Et des tortillons verts (fumigènes anti-moustiques) ornent les tables de nuit. Cette île merveilleuse est bourrée de moustiques. Mais vous l'avez prévu comme vous prévoyez que tous les anophèles, maringouins, stegomyies, etc., de l'île vont rappliquer chez vous. Vous êtes l'idole des moustiques, que ce soit à Palavas ou dans un îlot désert de l'océan Indien. Ils font des kilomètres à la ronde pour sucer votre sang délicieux. Vous pouvez même parier qu'ils vont accourir des autres îles dès que Radio-Moustique va vrombir.

Naturellement, votre sac est plein de crèmes, lotions, produits divers anti-insectes, y compris des appareils à ultrasons. Mais les moustiques ne vous ont jamais donné l'impression d'avoir été prévenus que c'était nuisible pour eux. Ils ne doivent pas lire les mêmes journaux que vous. Au contraire. D'après votre expérience, l'odeur délicieuse de la citronnelle les ragaillardit, les ultrasons les excitent, la fumée des tortillons insecticides les fait danser de joie.

Mais, aujourd'hui, vous êtes trop fatiguée pour établir un plan de bataille anti-insectes, antiserpents, antirats, anticancrelats (ceux qui résistent au D.D.T. mais succombent au Coca-Cola) que vous entendez grouiller dans la toiture en palme de votre bungalow.

Vous ouvrez votre sac comme une folle, vous flanquez tout en vrac par terre, vous attrapez votre maillot et vous courez prendre votre premier bain. Dans une mer chaude, douce, transparente. A cinq mètres de votre terrasse. Ah! mes chéris, que c'est bon d'être là, si tranquille, si loin de vous, de votre agitation, de vos chers soucis.

Vous vous assoupissez presque dans l'eau. Vous avez à peine la force de rentrer dans votre chambre. D'arracher votre maillot que vous laissez tomber au hasard (heureusement, Prunelle ne vous voit pas). De vous glisser sous votre moustiquaire. Vous n'avez même pas le courage de brancher l'énorme ventilateur oublié par Kipling à votre plafond. Pas question d'aller boire le cocktail d'arrivée offert par l'hôtel. Ni de dîner. Vous dormez.

12

Samedi soir. Sur la côte normande.

Vous dormiriez encore mieux si vous saviez dans quelle patouille se débat l'Homme.

Comme prévu, le patron du petit hôtel-adorable-à-treize-étoiles où l'Homme avait retenu une chambre a fait un bond quand il a vu apparaître le joyeux Chavignol. Mais, monsieur, vous n'aviez pas prévenu que vous aviez un chien. Nous n'acceptons pas les animaux. L'Homme a beau plaider, raconter le tour joué par l'abominable toutou, etc., le patron ne se laisse pas fléchir.

— Il n'y a qu'à le laisser dans la voiture, dit l'Autre, l'œil mauvais fixé sur l'horizon pluvieux.

— On voit bien que tu ne le connais pas, répond l'Homme, accablé. Il va dévorer la banquette arrière et peut-être même les sièges avant.

En attendant, votre griffon bâtard bien-aimé lève la patte en douce sur la botte droite de l'Autre. Qui ne s'aperçoit de rien. L'Homme voit. Mais lâchement ne dit rien.

Que faire? Trouver un autre hôtel? Il n'y en a pas. A moins d'aller à Deauville.

Les hôtels de Deauville sont pleins de critiques de cinéma et de metteurs en scène barbus et arrogants, réunis pour un festival. L'Homme et Mélissa croisent même Marco Ferreri. Il ne s'intéresse pas à leur sort.

Une seule solution : le Palace. On y accepte chiens, chats et singes. L'Autre retrouve le sourire. L'Homme perd le sien en voyant le prix de la chambre affiché dans le placard et qu'il a été subrepticement consulter pendant qu'Elle défaisait sa valise de week-end.

Et comme il pleut à clochettes, impossible de se promener, style Lelouch, sur la plage (surtout suivis d'un chien piteusement transformé en serpillière). Mieux vaut prendre le thé à l'hôtel, boire un cocktail au bar de l'hôtel, dîner au restaurant de l'hôtel (très beau-très bon-très cher). L'Homme se demande maintenant si son compte en banque (déjà écorné par vous, bien qu'il ne le sache pas encore) suffira.

Mais foin de ces mesquines questions d'argent. L'Homme ne va pas gâcher son premier week-end avec la belle Mélissa parce qu'elle choisit délicatement les spécialités les plus chères (garce!). Il commence cependant à entrevoir que poursuivre une liaison deux fois par semaine avec une dame est une chose. Mais passer un week-end complet avec elle en est sacrément une autre. Après tout, il la connaît mal... l'Autre. Du reste, qui peut se vanter de connaître quelqu'un tant qu'on n'a pas dormi une nuit complète sous la même couette trop courte ni pris un breakfast pour deux où ne figure qu'un seul croissant?

C'est au moment du petit coucher que le premier drame éclate.

Chien Chavignol, conscient que sa présence avait créé des problèmes, s'était transformé en souris. Si sage que l'Homme lui avait filé sous la table – quand le maître d'hôtel avait les yeux ailleurs – le reste de sa côte de bœuf pour deux (prix : le quart du smig).

Mais, quand Chavignol voit dans le lit, au côté de l'Homme, une autre femme que sa chère maîtresse à lui (Vous), quelque chose de confus s'agite dans sa caboche de chien. (Le griffon bâtard est animal d'habitudes.) Il saute sur le couvre-pieds en soie et se met à grogner, babines retroussées, en direction de la belle Mélissa.

(Cher Chavignol! A votre retour, quand vous serez ressortie de votre moustiquaire où vous dormez, écrasée de fatigue, à lui les meilleures boîtes de pâtée de chez Hédiard, les morceaux d'entrecôtes les plus succulents, les petites carottes primeurs, une nouvelle niche en velours écossais, etc.)

– Fous-moi ce cabot en l'air! hurle le prof de gym.

Chien Chavignol comprend parfaitement que l'Autre est une salope. Il saute en bas du lit et attaque, en signe de représailles, les chaussures de la belle Mélissa qu'il commence à déchiqueter.

– Il bouffe mes Ferragamo, rugit la spécialiste en *body-building*.

Elle s'élance comme une furie pour arracher sa sandale droite de la gueule de Chien qui tient bon. La lanière dorée pète. L'Autre glapit et manque tomber sur son derrière (trop) musclé.

L'Homme finit par coincer Chavignol dans la salle de bains où il l'enferme.

– Je vais t'en offrir une autre paire, dès lundi, dit-il piteusement à l'Autre, en lui rapportant les débris de la Ferragamo (croix de guerre avec palme au talon disparu au combat).

La belle Mélissa, sans un mot, remonte dans le lit et croise les bras. La contrariété ne prédispose pas à la lubricité [proverbe bantou (1)].

D'autant plus que Chien Chavignol, ulcéré d'être abandonné dans une salle de bains inconnue – même d'un palace –, se met à hurler à la mort.

L'Autre enfouit sa tête sous l'oreiller et commence à pousser des cris hystériques. (Un observateur impartial en déduirait que la pratique du *body-building* n'amène pas forcément un bon équilibre nerveux.)

– Fais-le taire ou je deviens folle, glapit-elle.

– Mais comment ? demande l'Homme qui commence, lui aussi, à perdre les pédales.

– File-lui du somnifère.

L'Homme trouve que c'est une bonne idée. Mais où trouver du somnifère à cette heure tardive ? Et pour chiens.

– Heureusement j'ai du Valium, dit l'Autre.

– Tu crois qu'on peut donner du Valium à un chien ?

– Je ne veux pas le savoir. Mais je sais simplement que, si tu ne fais rien, je me rhabille et je rentre à Paris en stop.

L'Homme est affolé à cette perspective. D'autre part, l'idée que Chien vous raconte tout à votre retour l'embête. (On se sait jamais avec le diabolique Chavignol.) Et s'il tombait malade ? Vous seriez capable d'en faire un drame.

Mais Elle est déterminée. Elle se lève et sort de son sac des cachets. Deux suffiront.

Malheureusement, votre griffon bâtard bien-aimé a horreur des cachets. L'Homme a beau essayer de

(1) Cher au grand Alexandre Vialatte.

les lui glisser dans la gueule, Chien Chavignol serre les crocs avec une force désespérée.

– Rien à faire, dit l'Homme.

– Il faut lui boucher les narines pour qu'il étouffe et ouvre la gueule, remarque l'Autre.

Effectivement, Chavignol ouvre la gueule mais c'est pour la refermer sur la main de la spécialiste en *body-building* qui pousse un braillement à terroriser tout l'étage (déjà tenu en haleine par les bruits curieux s'échappant de la chambre 207).

– Saleté de clebs! vocifère la belle Mélissa, en tentant de décocher un coup de pied à Chien qui s'efforce en retour de lui mordre l'orteil.

Des voisins commencent à taper aux cloisons. Arrêtez cette sarabande, nom de Dieu!

Voilà tout ce que l'Homme abhorre : attirer l'attention sur lui. Surtout dans les circonstances particulières où il se trouve. Il intime l'ordre à sa prof de gym privée de le laisser se démerder tout seul avec Chien.

L'Autre va se recoucher, boudeuse.

L'Homme fait fondre les cachets de Valium avec un peu d'eau dans le cendrier de l'hôtel qu'il tend à Chien. Sans méfiance, votre pauvre Chavignol, ignorant les traîtrises de son Maître bien-aimé, lape le tout.

Et tombe endormi au bout de quelques minutes.

L'Homme le couche affectueusement sur une serviette de bain, au pied du lavabo, et revient dans la chambre.

Pour trouver une Mélissa qui a la migraine. Et la fenêtre grande ouverte.

Sur l'instant, l'Homme ne fait pas trop attention à la fenêtre grande ouverte. Il lui faut adoucir la « migraine » de l'Autre. Il y dépense beaucoup d'énergie. Et, pour parler de choses intimes qui vous sont particulièrement désagréables (chacun le comprendra), si leur rapport érotique n'est pas aussi enthousiaste que l'Homme l'aurait souhaité, la belle Mélissa se dégèle malgré tout.

Mais pas la température de la chambre. La fenêtre est restée ouverte, malgré les objurgations de l'Homme. J'ai froid. On n'est pas ici pour respirer de l'air renfermé mais le souffle du large, rétorque la culturiste. On va attraper la crève. Mais non, ce qu'on respire, c'est la santé. J'ai pas l'habitude de dormir la fenêtre ouverte. Moi, si. Allez, du nerf, de la vie, de la jeunesse.

Au mot de jeunesse, l'Homme n'ose plus protester.

La fenêtre reste ouverte.

13

Dimanche. Aux îles Maranas.

Vous rêvez que vous êtes une limande en train de sauter et tressauter dans les plis et replis d'un filet. C'est presque vrai. Vous vous êtes tellement agitée cette nuit, dans votre sommeil, que vous êtes complètement enroulée dans votre moustiquaire qui s'est abattue sur vous. Vous avez un mal fou à vous sortir de tous ces mètres de tulle. Vous adressez une pensée fraternelle à toutes les limandes du monde.

Le soleil dore déjà la plage. L'eau du lagon lèche le sable avec un bruit tranquille et régulier. Un ciel bleu lisse. Pas un souffle de vent. Une chaleur béate.

Su-bli-me.

Vous ne voulez pas savoir l'heure qu'il est en France ni qui y fait quoi. (Vous avez raison.) Ni qui a piqué cette nuit votre chaise longue sur votre terrasse privée.

Vous trottez jusqu'à la salle à manger, une grande paillote sous les cocotiers, ouverte de tous côtés.

Votre arrivée suscite une certaine curiosité. Votre absence au dîner, hier soir, a été commentée. Sylvie vous appelle à grands gestes pour que vous preniez votre petit déjeuner à sa table. Flûte! Vous avez pris dix jours (huit maintenant) pour vous laisser flotter comme une méduse dans une mer de paix et de silence. Vous refusez de voir votre solitude grignotée par une musaraigne bavarde.

Mais vous êtes encore si fatiguée que vous ne trouvez pas les mots pour vous débarrasser poliment de la jeune femme. Vous le ferez au déjeuner, promis.

Votre compagne exulte. Il y a six célibataires dans l'île de Khadji-Furu. Six. Pas mal, hein? Nº 1: un Américain, Peter J. Elliot, votre voisin de bungalow (ah bon? serait-ce lui qui vous a piqué votre chaise longue, cette nuit?), biologiste et spécialiste d'une affreuse mouche qui vit, paraît-il, dans les déserts africains et pique les dromadaires, la nuit, jusqu'à ce qu'ils attrapent le tournis. Quelle horreur d'entendre cela au petit déjeuner. L'Homme de l'infecte bestiole n'est pas du genre milliardaire du pétrole – qui vous déshabille du regard et vous rhabille avec des dollars – mais du style: mieux-je-connais-les-femmes-plus-je-préfère-les-mouches. Pour l'instant, il avale tranquillement une montagne de toasts, le nez dans un bouquin. Ce qui signifie, selon Sylvie: Ne-vous-fatiguez-pas-je-ne-veux-parler-à-personne. Bref, un misogyne puissance 10. (A midi, vous déjeunerez, vous aussi, avec un livre.)

Sylvie a mis, avec regret, au biologiste une bonne

note : 15 sur 20 (grand-costaud-intelligent), mais une croix dessus (le livre).

Ensuite deux Anglais, habillés du même short long typiquement britannique, et de moustaches identiques. Ressemblant à deux tortues (si les tortues avaient des moustaches). Un vieux couple. Ils sont en plein drame de dentifrice. Voulez-vous me dire, George, pourquoi vous oubliez toujours le dentifrice ? Allen, vous n'avez qu'à le prendre vous-même, le dentifrice. Ce n'est pas moi qui suis chargé des bagages, *dear*, je m'occupe des billets. *Dear*, arrêtez avec cette histoire de dentifrice, on va en acheter à la boutique. Ils n'ont que de la cochonnerie étrangère. Etc.

Aucun espoir de ce côté-là pour une jeune personne du sexe féminin. Double zéro.

En revanche, et Sylvie en a les yeux hors de la tête, deux jeunes et beaux Italiens, Giorgio et Salvatore. Bronzés des pieds à la tête. Gais. Bouclés comme des angelots napolitains, 18 sur 20. De quoi passer des vacances divines. Un seul obstacle : les deux Suédoises qu'ils considèrent en roulant des yeux de cocker convoitant un biscuit. D'autant plus que celles-ci se promènent entièrement nues, révélant d'adorables petits seins et des toisons dorées. Quel manque de pudeur, remarque aigrement Sylvie dans son maillot deux-pièces (lui-même très réduit), nous sommes ici dans un pays musulman et elles choquent considérablement le personnel de l'hôtel. Le personnel de l'hôtel vous semble plutôt blasé, mais vous ne dites rien. Vous savourez votre thé et plein de petits pains délicieux. Vacances sur toute la ligne.

Marana-gazette reprend. Le sixième mâle se présente sous les traits d'un jeune écolo allemand à grosses lunettes et cheveux longs mais rares. Il est escorté par ses deux parents. Si solennels l'un et l'autre qu'on n'arrive pas à imaginer qu'ils aient pu se livrer aux folies du sexe. Et pourtant Wolfgang est là. Mystère.

– Pas excitant, le petit écolo gauchiste, estime Sylvie. J'ai connu un exemplaire identique à Bali. Des emmerdeurs qui vous font des déclarations du type : « L'amour est un des abcès du capitalisme. » Pour le reste, c'est la technique du lapin. Bonjour, madame. Au revoir, madame. 2 sur 20.

Les confidences de Sylvie vous laissent rêveuse. Quelle expérience! Bien que mère et presque belle-grand-mère, vous vous sentez à côté d'elle comme une petite fille évadée de son pensionnat.

Marana-gazette continue son émission. Le couple français – Robert et Odette – possède un magasin d'électroménager à Paimpol mais ne fait pas l'après-vente. Ah bon! Elle, c'est le piège à moustiques de l'île. Tiens! vous comprenez maintenant pourquoi vous vous êtes réveillée le visage lisse de toute piqûre, bras et jambes épargnés. C'est Odette que les moustiques aiment. Du reste, elle se gratte avec désespoir et empeste la citronnelle à travers toute la salle à manger.

Vous poussez un cri. Quelque chose de velu vous a caressé le mollet. Un petit singe. Non, deux. Cheetah et Bingo, les deux mascottes de l'hôtel, importés de Sri Lanka et qui vous réclament joyeusement une gâterie. Ils sont tellement bourrés de bananes et de toasts à la confiture par les touristes qu'ils n'arrivent plus à sauter d'un cocotier l'autre et se contentent de gambader à la ronde.

Une agitation se manifeste parmi les touristes. C'est le départ de l'excursion « pique-nique-sur-île-déserte » avec, au retour, « visite-d'un-village-de-pêcheurs-authentiques ».

Le couple breton et les deux Suédoises se dirigent vers une grosse barque qui attend au ponton.

Le visage de Sylvie s'illumine. Les deux angelots italiens resteraient-ils à terre?

– Je vais annuler mon excursion, dit-elle précipitamment. Je préfère rester... heu... me reposer... aujourd'hui.

Vous approuvez chaleureusement. Mais vous doutez fortement qu'elle veuille se reposer. Elle court vers le bateau récupérer son sac de plage déjà à bord. Naples n'a qu'à bien se tenir.

Quant à vous, le temps de voler à votre tour une chaise longue sur la plage et de la traîner jusqu'à votre terrasse, de vous tartiner du haut en bas de crème solaire épaisse comme du beurre, et vous voilà prête pour aller sur la barrière de corail à quelques centaines de mètres au large. De minuscules pêcheurs maranéens, noirs et secs comme des baguettes de bois brûlé, pagayant dans de minces et longues pirogues, emmènent individuellement les touristes au récif.

Vous traversez le lagon dans un éblouissement.

Soleil. Mer. Bonheur.

Sur la barrière de corail, entre mer et lagon, la dame italienne, qui a perdu sa valise, et son sénateur romain ramassent des coquillages (vêtus d'affreux paréos achetés à la boutique de l'hôtel). Cela vous amuse toujours de voir des adultes, que vous soupçonnez habituellement pleins de morgue et de vanité, ramasser des coquillages avec un enthousiasme frénétique. Ils y mettent tellement d'ardeur que le signore Aldo Emirante, industriel en céramique et salles de bains de luxe, manque en venir aux mains avec le Herr Professor Ulrich Wiener pour un minuscule cône rose *(Conus minus)*. C'est moi qui l'ai vu le premier. *Nein, nein,* c'est moi. Heureusement, un jeune piroguier maranéen (qui connaît la nature de l'*Homo Touristicus*) sort d'un sac en plastique un deuxième *Conus minus* et ces messieurs s'éloignent satisfaits, serrant chacun précieusement leur trésor dans leur menotte.

Pendant ce temps, vous vous baignez et nagez en plein ravissement. Féerie des coraux sous-marins. Madrépores roses, violets, blancs. Anémones géantes, vibrantes. Milliers de poissons de toutes couleurs, de toutes tailles, de toutes formes... Des bleus rayés de jaune, des noirs à pois blancs, des rouges écarlates, des orange à nez en forme de corne. Poissons-clowns, poissons-fleurs, poissons-perroquets en velours rose, vert, mauve. Poissons-oiseaux. Certains ressemblent à Thierry Le Luron imitant M. François Mitterrand (1). D'autres à des trompettes de cristal. D'autres encore sont en forme de boîte bigarrée. Beaucoup croquent le corail avec un tel entrain que vous croyez entendre votre Prunelle chérie dévorer son chocolat au cinéma. Crunch... Crunch... Vous ne vous lassez pas du spectacle.

Mais les piroguiers font signe que c'est l'heure du retour. Messieurs les honorables touristes peuvent rentrer dans leur pirogue particulière ou à la nage, escortés par la flottille.

Vous choisissez d'exercer votre crawl en compagnie du spécialiste américain de l'infecte petite mouche africaine et du signore Aldo encouragé par Luisa allongée nonchalamment dans sa pirogue comme Cléopâtre sur la barque royale. *Bravo, carissimo, che sportivo!*...

Mais Carissimo Aldo ne doit avoir l'habitude de nager que dans ses baignoires de luxe. Au beau milieu du lagon, il se met à haleter comme un phoque et fait signe à son piroguier qu'il veut remonter à bord.

C'est alors que le drame éclate. Le noble Romain

(1) Aucune intention politique dans cette remarque.

ne pratique visiblement aucun sport dans ses salles de bains. Il n'a pas deux lires de force dans les bras. Il a beau tenter de se hisser désespérément sur le rebord de sa pirogue, à chaque fois il retombe dans l'eau avec un gigantesque ploufff!

Le petit pêcheur, après avoir regardé son client barboter, avec, semble-t-il, une certaine gaieté dans son grand œil marron, lui tend une main secourable. Le signore Aldo s'y agrippe avec l'énergie d'un noyé. Malheureusement, le plantureux industriel italien doit bien peser l'équivalent de trois piroguiers maranéens. Aussi, par un phénomène physico-mécanique que chacun comprendra, malgré l'énergie du petit pêcheur pour tirer le gros signore Aldo, c'est lui qui décolle de sa pirogue comme une fusée, plane dans l'air quelques instants et se retrouve dans le lagon à cinq mètres de là. Le noble Romain, lui, disparaît par le fond. La signora Luisa se lève en hurlant dans sa propre pirogue qui manque chavirer :

– Carissimo, où es-tu?

Carissimo Aldo réapparaît des profondeurs coralliennes, soufflant et crachant.

– Je n'arriverai jamais à remonter dans cette *puttana* de barque, hoquette-t-il avec désespoir.

Mais si. Mais si. Tout le monde va s'y mettre. Tandis que le piroguier regrimpe à bord avec la vivacité d'une anguille, l'Américain et vous, vous poussez le signore Aldo par la partie de son individu qu'il faut bien désigner par les mots de « grosses fesses ». Ho! Hisse! Sournoisement, vous pincez tout en poussant.

Le noble Romain pousse un cri. Dans un effort désespéré (dû peut-être à votre pinçon), il réussit à hisser dans la pirogue le premier tiers de sa corpulente personne. Ce n'est pas le moment de flancher. Le minuscule pêcheur (prudemment encordé à son banc) tirant, l'Américain et vous poussant et pinçant, le signore agitant frénétiquement ses jambes, enfin les deux tiers de Rome sont dans la barque. *Miracolo!* Tout y est! Le signore Aldo s'écroule, haletant.

– Ces petites barques, c'est de la *merda*, remarque-t-il, venimeux.

Tandis que le piroguier se remet à pagayer avec une énergie inversement proportionnelle à sa taille, vous reprenez votre souffle en faisant la planche en compagnie du spécialiste de l'infecte mouche africaine.

– Alors, comme ça, on pince la derrière des messieurs? observe-t-il.

Vous rougissez comme une langouste mise à cuire. Le biologiste diabolique rit tellement qu'il en boit la tasse. Bien fait.

– Vous pouvez m'appeler Peter et me pincer le fesse à moi aussi, remarque-t-il plaisamment. Je sens que j'adorerai ça.

Allons bon. Vous voilà seule au milieu d'un lagon maranéen avec un miso-maso. Vous vous mettez à nager furieusement vers la plage dans un crawl que vos amis n'hésitent pas à qualifier d'éblouissant quand ils sont invités à déjeuner chez vous.

Malheureusement, Peter semble crawler aussi bien que vous. Il vous suit tranquillement.

Quand vous sortez de l'eau tous les deux, vous vous croyez victime d'un cauchemar.

Le cauchemar d'un concert de rock en plein océan Indien.

Ce n'est plus l'île de Khadji-Furu. C'est l'hippodrome de Pantin.

Vous qui avez mis des milliers de kilomètres entre les cassettes bruyantes de Prunelle et vos oreilles! («Baisse un peu le son, ma chérie, je vais devenir sourde. – Mais, maman, le rock doit s'écouter FORT... – Au moins, ferme ta porte, au nom du ciel!» Mais Prunelle, qui clôt farouchement sa chambre à clef lorsqu'elle téléphone à sa copine Ariane, la laisse systématiquement ouverte quand elle écoute – et vous avec – *Let there be Rock*. Vous avez bien essayé de lutter à armes égales. La Ve *Symphonie* au maximum contre *High Way to Hell* à plein tube. Les voisins ont fait une pétition. Et le boulanger, trois rues plus loin, a refusé de vous servir en baguettes pendant dix jours. Vous n'êtes pas la seule dans votre cas. Une de vos amies a fait insonoriser la chambre de son fils. Après avoir calculé que l'installation lui revenait moins cher qu'une cure en clinique de repos. Pour elle. Son fils va très bien, merci.)

Pour l'instant, c'est l'orchestre d'« AC.DC. » qui vous a rattrapée au bout du monde. D'où diable sort-il?

D'un énorme lecteur de cassettes que les deux angelots napolitains ont installé sous les cocotiers où ils sont nonchalamment étendus. Tandis qu'une Sylvie gloussante lit leur avenir dans les lignes de la plante de leurs pieds. Méthode qui surprendrait Mme Amanda, l'astrologue de votre mère.

Dieu merci, votre compagnon américain se révèle un amateur, lui aussi, de musique plus douce. (« C'est quoi, une valse, maman?... Un truc ancien qu'on dansait de ton temps? ») Du haut de son mètre quatre-vingt-dix et d'un ton extrêmement ferme, il prie la petite classe d'aller faire son bruit ailleurs. A l'autre bout de l'île. *Exit* « AC.DC. » et Angus Young dont des bouffées de guitare frénétique vous parviennent de temps à autre.

– Il faudra peut-être trouver une moyen de casser le sacrée boîte à musique, dit énergiquement Peter tandis que vous remontez vers vos bungalows. (Il vous fait un petit clin d'œil.) *No?*

Oh oui! Oh oui!

Le silence retrouvé, vous vous étendez béatement au soleil. Votre somnolence est à peine troublée par le passage des deux Anglais engagés dans une nouvelle querelle. George, nous aurions dû aller à l'excursion. Voir quoi, Allen? C'est le même sable qu'ici et les mêmes poissons. *Dear*, depuis le collège, je suis surpris de votre manque total de curiosité...

Au déjeuner, vous avez emporté un roman policier pour bien montrer à Sylvie que vous désiriez faire table à part. Elle ne remarque rien. Elle est installée à la table des Italiens où elle rit si fort que vous vous demandez si vous n'allez pas regretter la guitare d'Angus Young. Après la plante des pieds, elle examine le lobe de leurs oreilles et assure qu'ils se sont rencontrés dans une autre vie. Les angelots napolitains, qui pratiquent encore une drague préhistorique (avez-vous du feu?), n'en reviennent pas.

Seul Peter, à la vue de votre livre, vous adresse un clin d'œil par-dessus le sien. Il parle beaucoup par clins d'œil, celui-là, mais vous trouvez cela plutôt charmant. Vous êtes compagnon de la même secte. Tranquillité.

Les Allemands reniflent le curry à l'indienne avec inquiétude. Un hareng de la Baltique, c'est plus chrétien, non? Odette et Robert (électroménager à Paimpol-ne fait pas l'après-vente) se rappellent à voix haute leur premier bain dans la mer Morte qu'ils comparent avec l'océan Indien. Ce n'est pas du tout la même chose, savez-vous?

Et voilà qu'arrive l'heure sacrée, le grand moment de bonheur, la plus belle conquête de la civilisation méditerranéenne :

La sieste.

Il faut avouer qu'il est pratiquement impossible à une humble mère de famille habitant au nord de la Loire de sacrifier à ce culte. Au Palais de Justice, vous n'avez jamais osé refuser de plaider de 14 heures à 16 heures pour cause de sieste. (Peut-être à Marseille?) En revanche, vous avez essayé, chez vous, le dimanche ou en vacances, de vous fourrer dans votre lit, persiennes closes. Hélas, il semble que le reste de la maisonnée ne supporte tout simplement pas l'idée que vous puissiez sommeiller en paix à cette heure-là.

Tantôt c'est l'Homme qui entre à pas de loup dans votre chambre, vous réveillant en sursaut par l'étrangeté de ses glissements, pour chercher son livre, son stylo, ses lunettes (barrer la mention inutile s'il ne revient pas trois fois). Puis il rouvre la porte et chuchote gentiment : « Repose-toi. » Il entrouvre une troisième fois : « Veinarde, tu dors ? »

Tantôt c'est Prunelle qui rampe (vous poussez un cri de terreur) jusqu'au pied de votre lit pour réclamer : 1) des balles de ping-pong-si-cela-ne-doit-pas-te-déranger-petite-maman-chérie, 2) une tablette de chocolat-pour-faire-un-gâteau-que-tu-mangeras-quand-tu-seras-réveillée.

Bref, vous allez réaliser, enfin, ce vieux rêve : une sieste paisible dans la moiteur et la douceur tropicales. Juste le bruit de la mer qui respire doucement au pied de votre terrasse. Vous vous étendez sur votre lit. Vous n'avez même pas besoin de moustiquaire. Les moustiques font aussi la sieste.

Mais pas le merle noir des cocotiers. Installé sur celui qui se balance devant votre fenêtre, il pousse des piaillements déchirants. Peut-être se plaint-il d'être insomniaque ? Il fait un boucan infernal pour un si petit oiseau. Vous êtes tellement exaspérée

que vous hurlez du fond de votre lit : LA FERME!
Stupéfait, il s'arrête de s'égosiller.

Le silence revient.

Le nirvâna.

Pas pour longtemps.

Des clameurs humaines éclatent maintenant, accompagnées d'un bruit étrange que vous n'identifiez pas. Vous vous levez et vous allez soulever votre rideau. Que se passe-t-il?

Rien. Sinon qu'une équipe de balayeurs maranéens a décidé de nettoyer impitoyablement l'île – en tout cas, la plage devant votre bungalow – de la plus petite feuille, de la moindre branche de palme sèche ou de quelques vieilles noix de coco tombées çà et là. Dotés de balais et d'une énergie inconvenante sous un soleil pareil, ils s'agitent devant votre terrasse en commentant à tue-tête les nouvelles locales. Du moins vous le supposez. Comment va ta femme? Et la tienne? Tu crois qu'ils dorment, les touristes? Cette semaine, on a hérité d'une drôle de bande d'andouilles, etc. A moins qu'ils ne parlent politique. Un débat majorité-opposition à l'Assemblée nationale sur la nationalisation des plombiers ne ferait pas plus de bruit.

Vous vous enroulez dans une serviette de bain et vous sortez de votre chambre. Un épais silence tombe sur l'équipe stakhanoviste de balayage de l'île de Khadji-Furu. Ils vous regardent tous de leurs grands yeux bruns insondables. Vous pensez préférable de vous adresser à eux en anglais :

– *Please, could you go...* balayer (comment dit-on balayer en anglais?) *a little...* plus loin...

Visiblement, votre charabia ne les atteint pas.

Vous décidez de faire honneur au mime Marceau.

– *Please* (vous joignez les mains et vous levez les yeux au ciel)... *could you* balayer (avec un balai imaginaire, vous vous transformez en sorcière agitée un soir de pleine lune...) plus loin, beaucoup plus loin (vous agitez les bras frénétiquement vers l'horizon)... Moi (main tapotée sur votre poitrine) dormir... (vous posez votre joue sur la paume de la main et fermez les yeux avec un sourire béat).

L'équipe des balayeurs continue de vous regarder, impassibles et silencieux. Visiblement, votre exercice de télégraphe Chappe les frappe de stupeur. Vous vous sentez idiote. Comble d'horreur, un applaudissement vous fait sursauter. C'est Peter qui, de la terrasse de son bungalow, à côté de la vôtre, a assisté à votre prestation sans chapiteau qui semble l'avoir mis en joie.

– Remarquable pantomime, dit-il moqueusement. Malheureusement, je crains que la public ne soit pas à le hauteur.

Peut-être. Mais gentil. Tous les balayeurs, voyant l'Américain applaudir, se mettent à battre des mains.

Puis retournent à leur balayage en vous jetant des regards inquiets et en chuchotant entre eux. Tu as vu cette folle? Mais vous ne saviez pas? Toutes les touristes blanches sont un peu fêlées de la tête, etc.

– Je crois que le sieste est fichu, remarque Peter, mais cela m'étonnerait qu'ils balaient l'île tous les jours. C'est le première fois qu'ils le font depuis que je suis ici.

Ça, c'est votre chance habituelle.

Peter rentre dans son bungalow. Vous dans le vôtre. Les Maranéens reprennent gaiement leurs balayage et clameurs.

Tant pis. Vous ferez une sieste éveillée, voilà tout.

Cela vous permet de voir le signore Aldo venir

piquer en douce le coquillage du Herr Professor et le remplacer par le sien. Plus petit.

Votre bain du soir est à nouveau délicieux. Au large, Sylvie apprend à faire de la planche à voile avec les Italiens. C'est-à-dire qu'elle n'arrête pas de tomber dans la mer et dans les bras de Giorgio. A votre avis, c'est une championne véliplanchiste. Pour savoir si bien choir, accrochée aux pectoraux napolitains. Le bel Italien semble ravi d'avoir sous sa protection une petite Française si délicieusement gourde. Qui appelle à l'aide toutes les cinq minutes : « Je me noie!... Y a un trou. » (Vous pouvez parier qu'il n'y a pas un seul trou dans tout le lagon!)

La fin de l'après-midi ramène le bateau des excursionnistes.

Très mécontents.

D'abord, l'île déserte ne l'était pas. Ne l'était plus. Il est apparu à vos compagnons qu'en fait cette flaque de sable en plein océan servait de point de ralliement à toutes les excursions « pique-nique-sur-île-déserte » de tous les hôtels de toutes les îles Maranas. A 10 heures, il ne restait pratiquement plus une place pour mouiller une pirogue supplémentaire. A 11 heures, la situation était pire que dans le port de Saint-Tropez, au mois d'août.

A midi, la plage grouillait tellement de pique-niqueurs qu'on aurait dit un congrès de puces de mer, sautant dans toutes les directions. Robert y avait même rencontré, ô surprise, son garagiste alors qu'à Paimpol il était impossible de le coincer pour une réparation urgente. Les deux hommes s'étaient insultés en breton.

Une bataille rangée avait eu lieu entre touristes des différents hôtels pour un peu d'ombre sous le bouquet de cocotiers campé au centre de l'îlot. Mais la 7e compagnie de l'île de Khadji-Furu avait eu le dessous et les deux Suédoises revenaient couvertes de coups de soleil. Et furieuses.

A ce sujet, il y avait un mystère. Elles juraient qu'elles avaient déposé sur le bateau, avant de partir, leur sac de plage avec tee-shirts et crèmes solaires. Or – objets inanimés, avez-vous donc une âme et des pattes? –, il semblait que le sac eût subrepticement débarqué et se fût caché derrière le cocotier, près du ponton où l'on venait de le retrouver.

A ce moment du récit des excursionnistes, vous regardez Sylvie. Vous vous demandez par hasard si... Non, ce n'est pas possible! Elle n'aurait pas sournoisement... Mais elle rit, la monstresse.

– Hors d'usage pendant deux jours, les Scandinaves! vous glisse-t-elle joyeusement.

– Ce n'est pas beau, faites-vous sévèrement.

– Tous les coups sont permis en amour, répond-elle. Cela leur apprendra à ces deux salopes à se balader à poil quand les autres ne peuvent pas se le permettre!

Bref, les deux Suédoises n'avaient eu comme solution, pour se protéger du soleil, que de se recouvrir de feuilles diverses. Ce qui donnait à leurs dos et à leurs fesses brûlés inégalement une impression cachemire blanc, rouge clair et rouge foncé, du plus bel et cuisant effet. Naturellement, en galant homme, Robert avait voulu leur proposer son tee-shirt Club Méd/Paradise Island/Bahamas. Mais Odette s'y était formellement opposée. Ce n'est pas à toi d'attraper une insolation parce que ces garces se baladent toutes nues (quand les autres ne peuvent pas se le permettre). Et qui te soignera, hein, dans ta case où tu vas grogner pendant deux jours, enfermé dans le noir? Moi. Alors, je dis non.

Lâchement, Robert avait gardé son tee-shirt et Odette offert un petit pois de crème solaire aux demoiselles (mais pas plus, hein, sinon j'aurais pas de quoi faire la semaine, sans compter que c'est une crème hors de prix qu'on ne trouve qu'à Paris).

Quant au « village-de-pêcheurs-authentiques », Odette y avait été accueillie au cri en bon français de « Bonjour, Madame Touriste », et une typique grand-mère maranéenne (mais qui maîtrisait encore mal le breton et les monnaies européennes) avait réclamé cinq dollars à Robert pour se laisser photographier. Le Paimpolais avait refusé furieusement. La Madame Denis des Maranas réussit alors à lui vendre un petit bateau en bois des îles, taillé à la veillée par son mari, un vieux pêcheur sourd. Sur le chemin du retour, Robert remarqua qu'il y avait écrit, sous la coque, « Made in Japan ».

Paraît un deuxième bateau à l'entrée de la passe. Ah! c'est celui amenant de l'aéroport le contingent de Peaux-Blanches du jour ainsi que les provisions. Le clan des « anciens » de l'hôtel de Khadji-Furu se rassemble pour assister au débarquement.

– *La mia valigia!*... crie Luisa, dressée sur le ponton, bras tendus dans un fol espoir. *La mia valigia!*

Le bateau accoste.

Pas de *la mia valigia*. Mais trois touristes. Tout blancs, d'un blanc plus que blanc (peut-être se lavent-ils avec Omo). L'homme a des yeux curieusement jaunes et froids au ras d'une drôle de casquette en toile.

Les deux dames sont boudinées dans des robes à fleurs en tissu synthétique inconnu. L'une d'elles est tellement grosse que, assure Robert à voix basse, son ange gardien doit dormir dans un autre lit! ah! ah! Le trio débarque, entouré d'une nuée de porteurs succombant sous d'énormes valises en faux cuir.

Drôles de touristes.

Sylvie court aux nouvelles. Revient.

Ce sont des Russes.

Des quoi?

Des Russes.

Un colonel. Sa femme. Et une guide-interprète.

Tout le monde reste stupéfait. Des touristes russes aux îles Marânas! Que font-ils ici, si loin de la Patrie soviétique? Pour l'instant, ils se mettent en maillot et entrent leurs hippopotamesques personnes dans l'eau délicieuse du lagon dont ils arrachent immédiatement d'énormes morceaux de corail. Ce qui est formellement interdit aux Maranas. Personne ne leur dit rien. Ce sont visiblement des gens importants. Vous comprenez brusquement pourquoi on a balayé l'île et gâché votre sieste. Vous vous sentez des griffes d'anticommuniste primaire. Si vos méridiennes doivent être sabotées à cause des représentants de l'Union des républiques socialistes soviétiques, vous prendrez votre carte au R.P.R. en rentrant. Ou vous écrirez à Mme Garaud. Pour le corail, vous allez cafter auprès du ministre du Tourisme! Mais ne s'agirait-il pas de faux touristes et de vrais espions? Après tout, sur l'île de Khadji-Furu, il y a déjà un savant américain et deux Anglais à moustaches qui semblent échappés du feuilleton « Chapeau de cuir et bottes melon » (ou le contraire?). Et les Allemands? Ce Herr Professor et Frau Hannah, sa femme... pas net, non plus! Robert frémit, en vous chuchotant cela à l'oreille. Ne seriez-vous pas tombée dans une réunion C.I.A./K.G.B./M.I.5., etc? Odette hoche la tête avec excitation.

La seule que ce mystère n'intéresse pas, c'est Luisa. Elle sanglote. Que va-t-elle devenir sans *la mia valigia*? Elle ne va pas passer toutes ses vacances enroulée dans l'unique et affreux bout de tissu trouvé à la boutique de l'hôtel! Pour la consoler, le directeur lui prête une nappe de restaurant et jure qu'il va lancer un S.O.S. radio au représentant de Chicatour. Luisa clame que si, un jour, elle remet la main sur le représentant de Chicatour, elle en fera des lasagnes.

Au dîner, les conversations n'ont pas leur entrain habituel. On regarde les Russes. Impassibles, ils affrontent la curiosité générale. Vous avez un œil sur eux comme tout le monde et l'autre sur votre roman policier *Massacre à la morgue*. Brrrr.

– Vous ne vous ennuyez pas, toute seule? vous crie Sylvie de la table des Italiens.

Vous faites signe que non.

– Vous connaissez la mot du cardinal de Richelieu? vous chuchote Peter qui lève le nez à son tour de son bouquin.

– Heu... non!

– « Je ne m'ennuie jamais. On m'ennuie. »

Vous en restez comme deux ronds de flan. Voilà maintenant que votre voisin se révèle non seulement spécialiste en mouches africaines *(Glossina Perversa Dromadoris)* mais aussi du cardinal de Richelieu. On en rencontre du drôle de monde aux îles Maranas.

C'est au tour de Robert de se plaindre à voix haute que la nourriture de l'hôtel est immangeable. Peuvent pas faire des biftecks-frites tout simplement? Au lieu de ces escalopes bizarrement panées et accompagnées d'un très lourd gratin de chou-fleur. Le Breton remarque amèrement qu'en plus les portions sont minuscules. Personne ne s'étonne de cet illogisme d'*Homo Touristicus*.

Il est grand temps pour vous d'aller dormir. Il vous semble que vous ne rattraperez jamais vos années de sommeil en retard.

Au passage, vous rentrez votre chaise longue dans votre chambre, ainsi que vous l'a recommandé Sylvie.

Et vous découvrez ce que vous n'aviez pas eu le temps de voir, la veille au soir :

1) L'énorme ventilateur du plafond qui vous avait semblé si pittoresque émet un ronflement de paquebot. Il vous faut choisir. Ou dormir dans la salle des machines. Ou ruisseler de chaleur en silence sous votre moustiquaire qu'une main diligente a raccrochée au plafond. Vous optez pour le bain turc.

2) Votre lampe de chevet émet une lumière suffisante pour attirer les moustiques mais insuffisante pour lire votre roman policier. Bien sûr, vous pouvez envisager de vous passer de votre moustiquaire puisque tous les moustiques sont au bungalow d'Odette. Mais il suffit d'un marginal. Vous vous méfiez. Vous décidez d'étouffer dans votre nuage de tulle.

3) Pour éteindre la lumière, il faut vous lever, aller tourner l'interrupteur près de la porte d'entrée et retrouver votre lit à tâtons après vous être cognée douloureusement le tibia dans la chaise longue.

Rien n'est parfait. Même au paradis.

14

Dimanche. Sur la côte normande.

L'Homme se réveille pour constater qu'il est enrhumé. A cause de la fenêtre ouverte, évidemment.
Cela le met d'une humeur détestable. Ce que l'Autre
ignore, c'est que l'Homme a horreur d'être malade
et que chaque bobo lui fait envisager le Père-
Lachaise à brève échéance.
 – Je vais crever, observe-t-il douloureusement.
 – Sûrement, répond la culturiste, nullement apitoyée.
L'Homme trouve ce manque de cœur révoltant.
La belle Mélissa ne remarque rien. Comme d'habitude. Elle se lève d'un bond joyeux et entreprend
de faire ses abdominaux avec haltères devant la
fenêtre toujours ouverte.
L'Homme pousse un gémissement et se cache la
tête sous les couvertures. Ce qui ne l'empêche pas
de remarquer que l'Autre lui a piqué son beau
deuxième chandail en cachemire (encore une de
vos folies) pour faire sa gym. L'Homme ne sait pas
s'il doit être sidéré par cette provocation ou indigné.
 – Brends bas mon chandail, tu bas me l'abîmer,
grogne-t-il de dessous les couvertures.
La belle Mélissa se contente de rigoler.
L'Homme est désemparé. Il avait imaginé une
matinée aux folles extases avec trois plateaux suc-
cessifs de petits déjeuners débordant de tartines et
de confitures délicieuses. Mais la culturiste ne semble pas être du matin, question érotisme. Elle
arrache la couverture, sous laquelle l'Homme a
blotti sa tête et son nez enchifrené, en criant :

– Debout, vieux croûton, il fait beau!

Or, si l'Homme a horreur de quelque chose, c'est bien d'être traité de vieux croûton. Il en reçoit un choc abominable. Néanmoins, il s'accroche à son lit. Il veut prendre son café au lait adossé aux oreillers en bavardant nonchalamment avant de... L'Homme tient énormément à sa séance d'ébats passionnés du dimanche matin.

Malheureusement, il découvre que la belle Mélissa se refuse même à prendre le moindre petit déjeuner au lit. A cause des miettes de croissant qui grattent, paraît-il, ses fesses (trop) musclées.

– Et puis, ajoute-t-elle, on n'est pas venus au bord de la mer pour flemmarder. Allez, ouste, dehors!

L'Homme boude. Il ne sortira pas l'estomac vide et gargouillant.

Tandis qu'il beurre et débeurre ses croissants (son *body-building* à lui en prend un coup), l'Autre avale en vitesse une tasse de café noir.

Et commence sa séance de maquillage.

L'Homme est sidéré par une nouvelle découverte.

Il n'aurait jamais imaginé que le « naturel » de la belle Mélissa était totalement artificiel. La grande fille saine, au corps sculpté par le sport, au visage lissé par l'eau de pluie, etc., doit exécuter au réveil un gros boulot de ravalement.

Et que je te passe du fond de teint « hâlé » de Rubinstein. Et que je te blushe « rose nature ». Et que je te mascarate mes petits yeux pour en faire « deux grands lacs sauvages ». Et que je te masse comme une folle mes pattes d'oie naissantes. Et que je te brosse frénétiquement mes cheveux en « coiffure emmêlée par le vent »...

Bref, il ne faut pas loin d'une heure pour que la belle Mélissa perde quelques années. Et l'Homme quelques illusions.

L'Autre, de son côté, découvre que l'Homme a un petit travers. Il aspire son café en émettant un léger sifflement très agaçant : hhhffftttt... hhhffftttt.

— Arrête de faire ce bruit en buvant, dit-elle à l'Homme.

— Moi?... mais je ne fais aucun bruit, répond l'Homme sincèrement indigné, en éternuant.

Mais il a un autre sujet d'inquiétude :

Chien ronfle toujours au pied du lavabo.

— Bourvu qu'il se réveille, dit l'Homme, soucieux.

— Mais oui! Quel pessimiste tu es, s'esclaffe l'Autre dans un ravissant survêtement de jogging mandarine et blanc. Allez, viens, on va courir sur la plage.

— J'ai bas de mouchoir, remarque aigrement l'Homme.

— Ce que tu es empoté! Prends du papier de cabinet, fait la belle Mélissa primesautière.

L'idée de moucher son auguste nez dans du vulgaire papier de W.-C. (bien que celui de l'hôtel soit rose et parfumé à la lavande) met l'Homme hors de lui. Malheureusement, c'est dimanche et il n'y a pas une seule pharmacie d'ouverte sur toute la côte normande. L'Homme recule devant l'idée d'en faire ouvrir une par un commissaire de police narquois.

Il n'ose pas dire non plus que, pour le prix de la chambre, il devrait y avoir un camion de kleenex de toutes les tailles et de toutes les couleurs dans la salle de bains.

Il finit par se lever de mauvaise grâce et part sur la plage, un paquet de feuilles roses enfouies au fond de sa poche.

Un vent glacé le saisit. Il se recroqueville dans son blouson comme un renard des sables transplanté au pôle Nord. Il tousse ostensiblement telle la dame aux Camélias, à l'agonie. Même un interne de l'hôpital de Mantes, un dimanche, le prendrait en pitié. Mais la belle Mélissa ne voit rien. Elle semble au contraire au mieux de sa forme. Elle s'élance au trot d'un jogging impeccable tandis que l'Homme se traîne douloureusement à cent mètres derrière.

Il est furieux. Qu'est-ce qu'il fout là avec cette dingue en train de mourir d'une pneumonie sur une plage glacée à cent mètres d'un palace bien chauffé (mais dispendieux)?

La bonne humeur de la culturiste commence à s'estomper. Qu'est-ce qu'elle fout là avec ce grand veau enrhumé aux allures d'asperge mourante?

Ils reviennent lentement vers l'hôtel.

L'Homme constate alors autre chose. La belle Mélissa a, elle aussi, un tic nerveux – hérité d'un passé d'ex-mannequin – qu'il n'avait jamais remarqué. Elle ramène sans cesse en arrière, d'un geste faussement désinvolte, une mèche artistiquement folle.

Ce geste agace l'Homme. Il éclate.

– Arrête de te triboter tout le temps les chebeux!

– Ma mèche me revient tout le temps dans l'œil, dit sèchement l'autre.

– Alors, mets une barrette.

Une barrette!

La belle Mélissa en a un coup au cœur.

– Ça ne se porte plus depuis l'avant-guerre, rétorque-t-elle, furieuse. Tu retardes drôlement, coco.

Coco!

L'Homme déteste cette épithète qu'il juge vulgaire et ringarde.

– Je te brierai de ne pas m'abbeler coco, c'est bulgaire et ringard... répond-il, le nez dans son papier de cabinet rose.

– Tu commences sérieusement à me casser les pieds, toi, fait la belle Mélissa.

– Toi aussi!

C'est parti.

... Ne me parle pas comme à ta femme! Si elle t'a mal dressé, c'est pas de ma faute... Je te brie de ne bas me barler de ma femme... Je parlerai de ce qu'il me plaît! Qu'est-ce que tu essaies? De me faire jouer Back Street... Moi? Je ne te demande rien sinon un beu de tendresse... De la tendresse? Arrête de me faire rigoler. Tu as un cœur de cabillaud gelé... Bauvre conne... Comment ça, pauvre conne? Excuse-toi ou je fous le camp... Je t'emmerde... Réciproque...

– Buisque c'est comme ça, je crois qu'on beut rentrer à Paris, conclut l'Homme avec dignité.

– Avec plaisir! hurle l'Autre.

Ils reviennent à l'hôtel refaire leur petit bagage. Au passage, l'Homme prévient le concierge de leur départ.

– Ah! Monsieur et Madame ne gardent pas la chambre, comme convenu?

– Non, fait l'Homme un peu sèchement, car il soupçonne le concierge d'insolence sous son air suave.

Mais, quand les choses vont mal, elles ne s'arrangent pas, dit un proverbe auvergnat.

Et Chien Chavignol dort toujours.

L'apparition de l'Homme, portant Chien Chavignol raide endormi dans ses bras, provoque une certaine stupeur dans le hall feutré du Palace. L'Homme est pressé de questions. Que se passe-t-il avec cette pauvre bête? Rien du tout. Impossible à l'Homme d'avouer qu'il a drogué le chien de sa femme pour dormir avec sa maîtresse.

Le concierge (toujours une pointe d'insolence

sous son air suave) propose de téléphoner au vétérinaire de l'hôtel. Non, crie l'Homme qui s'emberlificote dans des explications incohérentes. Les clients du hall, le concierge, les bagagistes, le portier commencent à le regarder avec une certaine méfiance.

L'Homme tend Chavignol à l'Autre qui le prend dans ses bras avec une antipathie visible. On le remarque. On chuchote. L'Homme paie à toute vitesse et avec un haut-le-corps (c'est encore plus cher que prévu) et se sauve avec sa culturiste. Il a cependant le temps d'entendre une vieille dame dire à voix haute :

– On devrait prévenir la S.P.A.

– Vous, mêlez-vous de vos affaires, vieille bique! répond grossièrement la spécialiste du *body-building*, avant de sortir de l'hôtel.

L'Homme frémit. Il imagine un barrage de gendarmerie, l'interrogatoire policier, les questions, les convocations, la prison et, pire que tout, vos questions à votre retour.

Aussi c'est sur un ton pas aimable du tout qu'il grommelle à la belle Mélissa :

– Ferme ta gueule et bartons.

Il pose délicatement Chien Chavignol, qui ne se réveille même pas, sur la banquette arrière de la voiture. Quand il se retourne... Elle est déjà installée au volant.

– Tu conduis comme un escargot malade et je suis pressée de rentrer chez moi, dit-elle, insolemment.

L'Homme est fou furieux. Il a horreur que quelqu'un d'autre que lui conduise sa propre voiture. Il n'ose pourtant pas arracher l'Autre du volant. Ni même l'étrangler, car il a remarqué que le concierge, le portier et la vieille dame l'observent de l'intérieur de l'hôtel.

Il monte à la place du passager.

– Tu me baieras cela, dit-il, les dents serrées, la bouche mince comme un trait rageur, les yeux bleus ayant viré au marine (signe de grosse tempête).

– C'est ça, coco. Râle. Ou plutôt prie pour le salut de ta petite âme bourgeoise.

Et l'Autre démarre sur les chapeaux de roues, laissant sur place un centimètre des chers pneus de la chère voiture de l'Homme.

Force est de reconnaître qu'Elle conduit comme un champion. Elle fonce comme si elle voulait gagner le rallye Paris-Dakar. Elle va le gagner. Non. Elle freine sec (l'Homme s'écrase le nez sur le pare-brise) pour embarquer un auto-stoppeur. L'Homme déteste les auto-stoppeurs dans sa chère voiture. Surtout celui-ci qui empeste et s'est livré à une fumette de trop.

D'autre part – à l'hôtel – l'Homme a enfin lu sur son carnet de chèques votre message. C'est donc lui qui paie votre voyage somptueux au bout du monde! Marre! Marre! Marre des bonnes femmes! (Vous n'avez rien dit de la vente du plat en argent de votre grand-mère.) Toutes dans des sacs au fond de la rivière!

Ayant battu tous les records de vitesse Deauville-Paris et jeté l'auto-stoppeur sur le bas-côté de l'autoroute (il plane tellement qu'il ne s'aperçoit de rien), la belle Mélissa pile devant chez elle. Elle sort majestueusement de la voiture.

– Trouve-toi un autre prof de gym et une autre maîtresse, coco minable, lance-t-elle.

– Ce sera bas difficile bour les deux, répond l'Homme avec hauteur.

C'est au tour de l'Homme de redémarrer sec. Il laisse à son tour devant chez la spécialiste en *body-building* un autre centimètre de ses pneus.

(Dix-jours-de-rêve aux Maranas, un week-end à Deauville, un train de pneus, à ce rythme la prison pour dettes le guette.)

L'Homme arrive en vue de son pavillon bien-aimé, son refuge, son *sweet home*, où doivent l'attendre impatiemment chère Fille Aînée et Petit Garçon si mignon.

Dans le jardin, sur la pelouse bien tondue, objet des soins attentifs de l'Homme, une tente a été plantée.

L'Homme reste ébahi.

– Qu'est-ce que...?

De la tente, sort, hilare, le Fou, toujours dans son costume blanc fripé et son écharpe rouge.

– Qu'est-ce que vous foutez là? demande l'Homme.

– Je ne savais pas où aller, répond le Fou avec ravissement, alors la Vierge m'a parlé et votre fille m'a permis...

L'Homme n'écoute même pas la fin de la phrase. Il rentre en trombe dans son pavillon en braillant :

– Pauliiiiiiiine!

Personne ne répond.

En revanche, l'entrée et le living, jonchés de jouets, de couches, de petits pots vides, de journaux déchiquetés, révèlent, sans aucune hésitation, que Fille Aînée et Petit Garçon sont là et bien là.

– Pauliiiiiiiiine!

Fille Aînée ne répond toujours pas. Ni Petit Garçon. Où sont-ils passés, ceux-là?

Peut-être tués et enterrés dans la cave par le Fou.

L'Homme en a les mains moites, le front couvert de sueur et la voix chevrotante.

Mais non. Fille Aînée est dans la salle de bains (votre salle de bains). Petit Garçon a vidé ce qu'il restait de vos précieux sels moussants (adieu!) dans le bidet où il fait naviguer la précieuse brosse à cheveux en ivoire de l'Homme.

Quant à Fille Aînée, elle réussit l'exploit de se couper les ongles de pieds, assise sur le rebord de la baignoire tout en téléphonant à une copine (grâce au poste de votre chambre qu'elle a tiré jusque-là). L'Homme trébuche dans le fil. Cela n'émeut pas Fille Aînée qui continue, imperturbable, le récit de ses démêlés conjugaux :

– Je lui ai dit : « Mec, écrase ou je te fais bouffer tes oreilles!... » C'est vrai!... Les bonshommes, faut les arrêter tout de suite ou t'es foutue... Ils te piétinent, le reste de ta vie...

L'Homme se permet d'intervenir :

– Tu es folle d'avoir bermis à ce type de camber ici. T'as bas vu qu'il était fou!...

– Arnaud a téléphoné douze fois, et douze fois je lui ai raccroché au nez! exulte Fille Aînée.

Mais l'Homme se fiche éperdument, pour l'instant, des rapports de Fille Aînée et de Monsieur Gendre. Il veut savoir comment elle a osé installer un dingue qui sort de taule dans le propre jardin de l'Homme.

Fille Aînée se dresse avec une telle énergie que votre téléphone tombe par terre, *baoum* (la copine doit en avoir le tympan éclaté).

– Comment veux-tu que ce pauvre malheureux se réinsère dans la société si personne ne lui tend une main charitable?

L'Homme reste coi quelques secondes. Il est pour la réinsertion sociale. Mais à condition que cela ne se passe pas sur sa pelouse.

– Ah! ah! ricane Fille Aînée, on reconnaît là la bourgeoisie égoïste qui continue à sévir, malgré le changement.

– On voit bien que c'est mon jardin et bas le tien,

bougonne l'Homme qui commence à en avoir marre d'être traité de bourgeois deux fois dans le même dimanche. (Il y a des dimanches pourris, assure un proverbe turc.)

— Tu défends la propriété, maintenant?

— Heu... non, absolument bas, fait l'Homme qui tient farouchement à son petit pavillon, à sa petite usine de jouets et à sa petite bagnole. Mais ce type est beut-être dangereux... S'il a été en taule, ce n'est quand même bas bour rien.

— Justice de classe, soutient Fille Aînée.

L'Homme voit bien qu'il ne s'en sortira pas.

— Bon. S'il vient cette nuit nous égorger tous, *ton* fils y compris, tu ne viendras bas t'en blaindre.

Difficile, en effet, s'ils ont tous la gorge tranchée.

Fille Aînée hausse les épaules. Voilà bien la bourgeoisie peureuse qu'il faut balayer d'une main fermement révolutionnaire. Tout en tendant l'autre au Fou de la Vierge qui va se réfugier quelque temps sous la tente de Prunelle. Et s'occuper du jardin. Et laver tous les carreaux de la maison. (Bonne idée, après le passage de Petit Garçon et de ses adorables menottes poisseuses. Utile.)

— Mais c'est la femme de ménage qui s'en occupe habituellement, proteste l'Homme. Je ne suis pas sûr qu'elle appréciera.

(Non. Elle s'en ira en vous laissant un mot: « Madame il se passe chez vous des choses effrayantes. Je reviendrai à votre retour. »)

L'apparition de Chavignol, flageolant sur ses quatre pattes, sur le seuil de la salle de bains, coupe la conversation au moment où elle allait s'envenimer.

— Qu'est-ce qu'il a, ce chien? s'exclame Fille Aînée. Il a une gueule bizarre.

– Mais bas du tout, répond l'Homme, dans ses petits souliers.

Fille Aînée est peut-être une idéaliste mais elle a l'œil aigu.

– Je t'assure! Regarde! Cette bête à l'air complètement abrutie.

– C'est beut-être l'air de la mer qui ne lui réussit bas.

– Tu rigoles? demande – vraiment peu respectueusement – Fille Aînée à son père.

Père préfère esquisser une retraite prudente. Il grommelle de vagues explications sur le fait bien connu que les paysans empoisonnent cultures, oiseaux et renards avec des pesticides divers. Chavignol a dû manger quelque saloperie dans la campagne... heu... au bord de la mer. Du reste, l'Homme est, lui aussi, malade. Personne ne s'en est aperçu dans cette maison. Il a un rhume carabiné. Et un estomac qui se tord comme un rat pris dans un piège. Non, il n'a pas mangé de cochonneries dans les champs comme Chavignol, mais néanmoins il va se coucher im-mé-dia-te-ment. Sans manger. Non, non, inutile de lui borter de la soupe dans son lit (à noter que Fille Aînée ne lui avait rien proposé du tout). C'est vous qui avez l'habitude de lui mijoter des bouillons de légumes, mais vous, vous êtes à dix mille kilomètres... Butain de vie!

L'Homme se replie dans sa chambre, épuisé par toutes ces émotions. Il est trop fatigué pour protester contre le fait que son lit est dévasté par Petit Garçon qui, après avoir naufragé la brosse à cheveux en ivoire dans le bidet, a crapahuté en douce vers vos oreillers en dentelle qu'il grignote avidement. L'Homme arrache Petit Garçon à son goûter de dentelles et le rapporte à sa mère, malgré ses hurlements stridents et ses coups de pied énergiques. Puis l'Homme s'abat dans un lit qui fleure bon le pissou de Petit Garçon.

Il se relève comme un ressort cinq minutes plus tard. Et va, titubant, camoufler son argent, ses carnets de chèques et votre bague de fiançailles sous le coussin du fauteuil. Si le Fou fait un carnage cette nuit, qu'au moins il n'en tire aucun profit matériel. Puis l'Homme se recouche tandis que Monsieur Gendre téléphone pour la treizième fois.

L'Homme s'endort en espérant sauvagement que vous êtes bouffée par les moustiques, brûlée de coups de soleil, piquée par les méduses, dévorée par les murènes, etc.

15

Lundi. Aux îles Maranas.

Tac-tac-tac...tac...tactac...tac-tac...

Un bruit de mitraillette transperce votre sommeil. Vous vous retournez dans votre lit en songeant vaguement que l'Homme a peut-être raison de vous empêcher de lire vos chers romans policiers. Vous êtes dans le cauchemar du *Massacre à la morgue*...

Tac-tac-tac...tac...tac...tac...tac...

Des cris. Réels.

Des galopades.

Votre porte s'ouvre brutalement et un Maranéen en short vaguement kaki, avec une casquette Bigeard et un truc style mitraillette (vous n'avez l'expérience des armes qu'au cinéma), paraît sur le seuil.

Vous le regardez, surgelée de frayeur dans les

repli de votre moustiquaire. Le soldat fait des gestes avec sa mitraillette que vous jugez extrêmement menaçants (du moins, c'est ainsi au cinéma) et pousse des cris que vous interprétez comme « sortez de là », « et vite! ». Plus facile à dire qu'à faire. Vous vous extirpez de vos mètres de tulle. Heureusement, vous ne dormez pas nue, mais dans un long tee-shirt emprunté à Prunelle et qui porte la mention *J'aime l'école quand elle est fermée*. Cette déclaration n'impressionne pas du tout le soldat.

Vous sortez sur votre terrasse le plus dignement possible, en tirant sur votre tee-shirt qui ne couvre pas totalement vos fesses.

Mais, dehors, tout le monde s'en fout visiblement. Il règne une agitation inouïe dans l'île.

Des soldats armés poussent devant eux une cohorte de Maranéens, mains sur la tête. Vous reconnaissez vos balayeurs de feuilles. La direction du Tourisme maranéen aurait-elle décidé de mettre en prison les balayeurs de feuilles pour leur tapage d'hier, à l'heure de la sieste?

Mais vous apercevez d'autres militaires qui font sortir, à grands cris, les touristes de leurs bungalows. Vos compagnons apparaissent, ahuris, dans les tenues les plus diverses. Deux catégories. Ceux qui dormaient nus et se sont enveloppés précipitamment dans leur drap de lit. On dirait une assemblée de Romains en déroute. Sylvie et Giorgio sont même enroulés dans le même drap et trébuchent enlacés. (Brave petite Sylvie, elle l'a eu, son Napolitain.)

En revanche, le colonel russe porte un fort beau pyjama rayé, très chic, et ses dames, des nuisettes à fleurs avec des volants du plus délicieux effet autour de leurs bras mafflus. Les deux Anglais, eux, sont impeccables comme s'ils avaient attendu l'attaque toute la nuit, en bermuda et bob sur la tête.

Seul le deuxième Napolitain est tout nu. Il cache son sexe d'une main gênée. Sa pudeur vous paraît charmante. Vous constatez cependant au passage que ce n'est pas son appendice viril qu'il tente de camoufler mais un tatouage au-dessus. Vous ne réussissez pas à voir ce qu'il représente. (Sylvie vous le dévoilera plus tard, sous le sceau du secret. Salvatore portait, gravée dans sa chair et en italien, la fière devise : « Baise-les toutes et dors jusqu'à midi. »)

Tout le monde proteste, sauf les Russes qui demeurent impassibles et Peter qui a dû en voir d'autres chez les mouches africaines. Il vous fait, du reste, un de ces charmants clins d'œil dont il a le secret. Gardons la sang-froid.

Même en apercevant le directeur de l'hôtel poussé vers le ponton à grands coups de pied dans le derrière? Quel crime ce malheureux a-t-il pu commettre? Peut-être le dîner d'hier soir?

On vous réunit dans la salle à manger où un cyclone semble s'être abattu. Toutes les bouteilles d'alcool, de bière et même de Coca-Cola gisent, fracassées, autour du bar.

C'est la guerre?

Non. Une révolution.

Apparaît alors, en uniforme impeccable, un chef. Vous le comprenez immédiatement à sa jeune assurance et à son français parfait. Il a dû être étudiant en sociologie à Nanterre.

Le capitaine Mohammed M'Bata (c'est ainsi qu'il se présente) vous apprend qu'un groupe de l'Armée Révolutionnaire Maranéenne, l'A.R.M., vient de renverser le pouvoir corrompu et pro-capitaliste en place, au profit du Peuple Maranéen Unifié, le P.M.U. Des combats ont lieu dans la capitale et autour de l'aéroport. Le capitaine Mohammed M'Bata est chargé d'emmener en prison le directeur de l'hôtel, frère du ministre du Tourisme, et tout le personnel de l'hôtel Khadji-Furu.

Le frère du ministre du Tourisme, soit, mais pourquoi le petit personnel?

Parce que, explique patiemment le capitaine Mohammed M'Bata, directeur et employés viennent du même village. Alors, tout le monde en prison! Le Dieu de la Révolution reconnaîtra les siens.

Quant aux touristes, occidentaux et capitalistes (aucune allusion aux Russes qui ne bronchent pas), il ne leur sera fait aucun mal. Du reste, le nouveau pouvoir compte bien sur leurs devises, même corrompues. Ils sont donc simplement priés de rester sagement dans leur île jusqu'à ce que les combats soient terminés.

Après quoi, tout reviendra en ordre. Un nouveau personnel débarquera, les avions remarcheront, et ceux qui voudront être rapatriés le seront.

Un grand silence tombe sur le groupe des vilains capitalistes foudroyés de surprise. Seul Wolfgang manifeste son enthousiasme :

— La violence des exploités, dans le cadre de la non-violence, n'a rien à voir avec la trouble menace de la guerre fasciste...

— Tu l'as dit, bouffi! répond aimablement le capitaine qui a vraiment bien appris le français à Saint-Germain-des-Prés, dans le cadre de la coopération culturelle franco-maranéenne.

Le signore Aldo retrouve ensuite ses esprits :

— Nous comprenons bien... heu... vos problèmes, insinue-t-il doucereusement, mais...

— Il n'y a pas de mais, réplique fermement l'ancien étudiant de Nanterre. En attendant la fin de la révolution, les touristes ne doivent en aucun cas essayer de s'échapper de leur île.

Du reste, pour plus de sûreté, le capitaine Mohammed M'Bata emmène les hors-bord de l'hôtel tandis qu'une barque avec des sentinelles armées restera dans la passe du lagon pour prévenir toute fantaisie d'évasion.

Ayant parlé, le capitaine Mohammed M'Bata jette un regard impérieux sur les touristes sidérés et se dirige vers le ponton où l'attendent sa flotte, ses soldats, ses prisonniers.

Que se passa-t-il alors dans la tête du signore Aldo? Personne ne le sut. Pas même lui.

N'écoutant que son courage et trébuchant dans sa toge (enfin, son drap), il s'élance sur les talons du capitaine M'Bata.

Il tient à protester. Au nom des Droits de l'Homme. Des Droits du Touriste. De Lui-Même, le signore Aldo Emirante, industriel italien, bien connu pour ses salles de bains de luxe et qui a un rendez-vous d'affaires extrêmement important à Rome, la semaine prochaine, avec un émir, concernant un achat de quarante baignoires dorées pour son harem. Le capitaine Mohammed M'Bata peut-il l'assurer qu'il sera à son rendez-vous?

Le chef révolutionnaire maranéen dédaigne de répondre à l'industriel occidental et à ses quarante baignoires. Il monte dans un hors-bord et lève le bras pour donner le signal du départ, tel un simple Bonaparte attaquant au pont d'Arcole.

Le signore Aldo tente de le rattraper par la plage et s'avance dans la mer jusqu'aux genoux, un de ses bras étant occupé à retenir son drap de lit, l'autre à prendre le ciel à témoin de l'incompréhension habituelle des révolutions envers les chefs d'entreprise.

– J'exige d'être à Rome, lundi prochain! hurle l'industriel italien (on ne dira jamais assez quels risques les petits patrons européens prennent quand il s'agit de conclure un marché).

Malheureusement, le capitaine Mohammed

M'Bata n'est pas sensible à l'éloquence romaine. Il fait signe à un de ses soldats qui tire une rafale de mitraillette au-dessus de la tête du bouillant Italien qui pousse un cri de terreur, trébuche et tombe assis dans la mer.

Dans la salle à manger, tout le monde plonge à terre dans un grand désordre de draps et de fesses nues (les vôtres en particulier). Luisa se met à hurler :

– Aldo carissimo! Ma! c'est la guerra...

Le capitaine M'Bata, après un dernier regard ironique – vous semble-t-il, de loin –, démarre dans un vrombissement de hors-bord victorieux.

Quand il est loin vers l'horizon, les touristes se relèvent courageusement et se précipitent au secours du noble Romain qui crie toujours comme un goret. On l'aide à se relever à son tour. Il tient sa main droite posée sur l'arrière charnu de sa personne. Blessé! Il est blessé! Touché par une balle? Pourtant la mer n'est pas rouge de sang...

Non, le signore Aldo n'a pas été atteint par la fusillade révolutionnaire. Il est tombé assis dans un nid d'oursins et il a les fesses hérissées de longs piquants.

On le ramène au sec tandis qu'il pousse des gémissements déchirants. Que celui qui n'a jamais eu les fesses hérissées de longs piquants d'oursins lui jette le premier galet.

Après quoi, les touristes se regardent. Y a-t-il un médecin dans l'île? Tout le monde secoue la tête. Non. *Niet*, dit Natacha, l'interprète russe.

– Etendons-le à plat ventre et, après, on essaiera de lui enlever ses piquants avec un pince à épiler, propose Peter avec un sang-froid que vous jugez admirable.

Les deux Napolitains – qui se sont enroulés entre-temps dans des nappes de restaurant – portent le malheureux, qui continue à implorer la Madone, vers le bar que l'on s'empresse de balayer des débris de bouteilles massacrées à coups de mitraillette révolutionnaire. On couche précautionneusement dessus le premier blessé de la Révolution maranéenne à Khadji-Furu.

A ce moment-là, quelqu'un (Robert, toujours pratique) demande :

– Et maintenant, qu'est-ce qu'on va devenir?

Tout le monde se met à parler à la fois.

Oui, qu'allez-vous devenir? Coincés comme des rats de cocotiers dans une île minuscule à la merci d'une guerre locale... peut-être sanglante...

– En tout cas, on n'a pas été violées, remarque Odette, une nuance de surprise dans la voix.

– Si ça dure deux jours, fait Sylvie, c'est marrant. Mais si ça dure des mois...

Tout le monde se récrie. Des mois? Elle est folle! Jamais les agences de voyages, à qui les touristes ont payé (si cher) dix-jours-dans-une-île-de-rêve, n'admettront d'octroyer une journée supplémentaire gratuite à leurs clients. Cela ne s'est jamais vu.

Oui. Les agences de voyages allaient s'agiter, prévenir la Croix-Rouge, obliger les gouvernements à envoyer des avions, des paras, la Flotte.

Dans un éclair, vous imaginez notre magnifique porte-avions *Georges-Clemenceau* entrant fièrement dans la passe du lagon et venant vous délivrer au son de *La Marseillaise*. Des larmes de reconnaissance patriotique vous montent aux yeux. Puis, dans un autre éclair, vous vous rappelez la malheureuse Mme Claustre, abandonnée plus de deux ans dans sa hutte de branchages. Le magnifique porte-avions *Georges-Clemenceau* disparaît dans les brumes de l'indifférence gouvernementale. (Il est vrai que Mme Claustre n'était pas partie dans son désert avec un groupe Kuoni ou Chicatour. Fatale erreur.)

Peut-être que la VIIe flotte américaine, qui a toujours l'air d'être partout, croise-t-elle au large? Mais Peter vous semble dubitatif sur l'irruption de la VIIe flotte américaine aux îles Maranas pour délivrer un simple biologiste de Boston, même spécialiste de la mouche africaine *Glossina Perversa Dromadoris.*

– Nos ambassadeurs... Il faut prévenir nos ambassadeurs, s'écrie alors d'une voix forte le Herr Professor allemand que personne n'avait trop entendu jusqu'à présent.

– Tu parles, mon pote, nos ambassadeurs, ils s'en foutent, ricane Robert.

Un triste murmure d'approbation accueille cette remarque désabusée. Il est clair qu'aucun des ressortissants présents dans l'île n'a une bonne opinion des activités de son propre ambassadeur.

– Celui qui n'essaie rien n'a rien, réplique, têtu et teuton, le Herr Professor avec la force de celui qui a lu les proverbes.

Allen se tourne vers George :

– George, n'ai-je pas vu une radio sur cette île?

– Allen, vous avez raison.

On galope jusqu'au bureau du directeur. Elle est là. Le capitaine Mohammed M'Bata n'a pas pensé à l'emporter. A signaler à ses chefs. Vous me ferez huit jours, Mohammed M'Bata.

Moment de flottement. Qui sait se servir d'une radio? Sûrement les Britanniques. Dans tous les films, les Anglais à moustaches font partie des services secrets de John Le Carré. George et Allen doivent avouer que la seule chose qu'ils ont apprise à l'armée, c'est à faire cuire convenablement le porridge. Ils ont eu un adjudant impitoyable sur la cuisson du porridge.

– On s'en fout de votre porridge, déclare Robert. D'abord, c'est un truc infect.

Avant que la discussion sur le porridge ne tourne à l'aigre, Peter intervient.

– Je peux essayer, déclare-t-il. Quand j'étais dans le brousse africaine, j'en avais une.

Robert vous fait un clin d'œil (décidément, c'est une manie aux Maranas). Mais vous comprenez le message. L'Afrique, tu parles, c'est à la C.I.A. que Peter a appris à « pianoter ». Mais on n'en est plus là. Même les Russes.

Peter manœuvre quelques boutons. La radio se met à grésiller. Victoire. Les touristes se serrent autour comme des oisillons abandonnés. Des voix excitées s'interpellent – en maranéen ? Comment trouver un ambassadeur dans cette pagaille ?

– Ici, Khadji-Furu, dit Peter calmement. May-day, May-day... Ici Khadji-Furu... Me recevez-vous ?

La radio crache une longue tirade incompréhensible.

Y a-t-il quelqu'un dans le groupe des touristes qui comprenne un seul mot de maranéen ?

Non. Même pas Natacha, l'interprète russe. Elle parle sept langues (On ne saura jamais lesquelles), mais *niet* pour le maranéen. C'est malin !

– Ici Khadji-Furu, répète Peter, nous voulons communiquer avec les ambassades des Etats-Unis, d'Italie, de l'Union soviétique...

Tout à coup, miracle, une voix demande en français :

– Ici, l'Armée Révolutionnaire Maranéenne, que voulez-vous ?

– Ici, Khadji-Furu, nous désirons communiquer avec l'ambassade de France et...

– Votre ambassade de France, mon cul, répond calmement mais grossièrement le capitaine Mohammed M'Bata (qui a dû lire Queneau à Nanterre).

Vous êtes sous la protection de la Révolution. Nous viendrons vous chercher quand les combats seront terminés. D'ici là, fermez votre gueule. Terminé.

Et la radio redevient silencieuse.

– C'est vraiment des sauvages, ces mecs! commente Robert. Vous avez vu comment ils causent?

Vous êtes, quant à vous, indignée. Vous vous promettez, à votre retour en Europe, d'avertir le Quai d'Orsay de la façon révoltante dont la Révolution maranéenne parle de l'ambassade de France. Cela se saura.

En attendant, que va devenir la petite communauté des Prisonniers du Lagon de Khadji-Furu?

16

Lundi. Aux îles Maranas.

Vous pouvez le dire modestement : au moment où une certaine panique allait s'emparer de votre groupe, vous sauvez la situation.

En proposant de prendre le petit déjeuner.

Tout le monde pousse des cris d'approbation. C'est ça! Mangeons! Mangeons! Qu'un bon café réveille nos citrons! chantonne même Robert. Après, on s'organisera.

Bon. Mais qui va préparer le breakfast? Les touristes se regardent. Le personnel a été fait prisonnier par la Révolution. Plus de cuisinier. Plus de maître d'hôtel. Plus de femmes de chambre.

Les Robinsons sont seuls sur leur île, privés de leurs Vendredis.

– Je propose que les femmes prennent cela en

main... dit mielleusement Robert, en flanquant une tape amicale sur les fesses d'Odette.

Sylvie et vous, échangez un regard. C'est parti! Si vous vous laissez faire, vous vous retrouverez dans la situation préhistorique : la femme aux tâches domestiques, l'homme glorieusement à la pêche. D'un autre côté, vous comprenez que ce n'est pas le moment de faire une intervention féministe. Plus tard.

Mais, ô délicieuse musique, vous entendez Peter déclarer :

– Non, allons-y tous. Cela nous permettra de faire un premier tour d'horizon.

Tiens, ce spécialiste de la mouche africaine serait-il moins miso que le laissait entendre Sylvie?

Il est connu qu'un client n'a jamais intérêt à entrer dans la cuisine du restaurant où il prend ses repas. C'est donc avec une certaine inquiétude que votre groupe pénètre dans la cuisine de l'hôtel de Khadji-Furu.

Elle est vide.

Sauf pour une énorme cuisinière *à bois*. Si vieille qu'elle doit dater de Mahomet.

Plus quelques chaudrons, des poêles et deux casseroles.

Le Moyen Age électroménager.

Robert en bégaie de surprise et de convoitise. Cela ferait la fortune d'un honnête commerçant de Paimpol, proclame-t-il avec envie.

– Si tu veux revoir un jour ton magasin, remarque sa femme, allume la chaudière... Je veux dire, ce truc qui sert de cuisinière.

– Comment?

Il n'y a apparemment ni bois, ni papier, ni allumettes.

– Les autres, ils se démerdaient bien trois fois par jour, remarque, logique, Sylvie.

Une gigantesque chasse au trésor s'organise.

Le bois (des rondins de palmiers?) est trouvé derrière la porte de la cuisine. Le papier, il n'y en a pas. Sylvie sacrifie un journal français au titre pourtant prometteur : *Sheila, par amour, quitte l'homme qu'elle aime.* Robert sort son briquet.

Mais le fourneau datant de Mahomet est aussi têtu qu'un bourricot égyptien. A quatre pattes, les joues violettes à force de souffler, Robert qui a, paraît-il, derrière lui un long passé de boy-scout breton, n'en revient pas. Le combat est grandiose.

Les autres Robinsons continuent de fouiller.

Cris de triomphe. Les Allemands ont trouvé une pièce qui sert de réserve. Avec des boîtes de conserve, des paquets de pâtes, des cartons, des sacs, des bouteilles d'huile, des piments, rouges, verts, jaunes. Des épices de toutes sortes. Du curry, du cumin, etc. Et même de la sauce vietnamienne.

Mais ni thé ni café.

Consternation générale. On ouvre les sacs. On éventre les caisses. On retourne les boîtes. Ce n'est pas possible. Les Maranéens étaient les rois du cache-tampon. Enfin, George, malgré son flegme britannique, pousse un hurlement de joie. *Hugh!* Le thé était dans une énorme boîte de carton qui – si l'on peut en juger par le dessin sur le couvercle – a contenu de la lessive. Cela explique, peut-être, le goût étrange du Ceylan que vous avez remarqué hier. Les deux Anglais sont ravis. Les Allemands et les Russes aussi. Mais pas les Français (sauf vous).

– Je veux mon café du matin. Il n'y a pas de raison qu'il y en ait qui aient du thé et que les autres aient pas de café, dit fermement Robert,

toujours à genoux devant son fourneau récalci-
trant.

Les Italiens approuvent. Ce sont les sauvages qui
boivent de l'eau tiède, le matin.

Pendant que le clan du thé fait chauffer un
chaudron d'eau sur la cuisinière qui a enfin dé-
marré, le clan du café continue à chercher le café.
Tout le monde s'y met. Au passage, on trouve le
pain dans un carton, sous des serviettes en papier.
Et des serviettes en papier dans une caisse d'eau
minérale sans eau minérale.

C'est Giorgio qui déniche le trésor. Cent kilos de
café moulu dans un vieux bidon de pétrole. (Dégoû-
tant d'avoir mis le précieux arabica là-dedans! Si le
directeur de l'Ecole hôtelière suisse savait cela, il en
aurait une attaque.)

Les Robinsons poussent les tables du restaurant
les unes contre les autres. On déjeunera tous
ensemble. C'est plus gentil et surtout plus commode pour se servir. Un sac en plastique plein de
petits paquets de beurre est retrouvé au fond du
frigo ainsi que des cubes d'orange surgelés baptisés
ananas et un gros pot de confiture de fraises
camouflé dans un placard, derrière des balais.

Il est évident que la notion de rangement ména-
ger chez le peuple maranéen est différente de celle
observée dans les tribus occidentales.

L'eau, enfin chaude, est ensuite partagée équita-
blement entre théières et cafetières. Et les Robinsons se jettent sur leur premier petit déjeuner.
Allah est grand! Bien sûr, le thé est tiédasse et le
café ressemble, paraît-il, à de la lavasse militaire.
Les toasts – pas grillés – ont un goût de coton
hydrophile un peu moisi. Mais la faim rend tendres
les haricots mal cuits, dit le proverbe hollandais.
Les émotions creusent et tout le monde manifeste
un bel appétit. Les Russes reprennent quatre fois

du pain. Alors que la majorité s'est contentée de trois tranches. Cependant personne ne dit rien. Le bloc soviétique, monolithique et silencieux, impressionne. Par contre, une révolte éclate quand Frau Hannah ressort de la cuisine avec une poêle pleine d'œufs sur le plat. De quel droit les Allemands prennent-ils des œufs à leur petit déjeuner?

— Hé! Nous aussi, on a droit à des œufs, proteste Robert.

— T'as horreur de ça, le matin! remarque sa femme.

— Ouais, mais y a pas de raison, s'ils ont des œufs, que les autres en aient pas aussi.

Logique implacable. La voix du signore Aldo, toujours allongé à plat ventre sur le bar, se fait entendre, plaintive. Avant de manger inconsidérément quoi que ce soit, il serait plus prudent de faire l'inventaire des vivres. C'est la sagesse même. Et, la prochaine fois, tout le monde aura des œufs, sauf les Allemands. Les fiers Germains baissent la tête.

L'incident réglé, la bonne humeur revient.

— Ces révolutionnaires, ils croient nous impressionner, fanfaronne Robert, mais, en France, on a fait la Résistance...

— T'étais pas né, interrompt sa femme.

— Et alors? On a quand même foutu les Boches dehors.

Aïe, aïe, aïe, la gaffe. Tout le monde regarde les Allemands. Qui restent impavides.

— Quand je pense que, cette année, je voulais aller en Tunisie, soupire Odette. Et c'est toi (elle se tourne vers son mari) qui as insisté pour venir sur cette île perdue.

— Moi? s'exclame Robert, prenant tout le monde à témoin. C'est un peu fort! Je ne décide jamais rien. Mon beau-père décide de la date de mes vacances puisque c'est lui qui me remplace au magasin. Et ma femme, de l'endroit où l'on va.

– Pas cette année. C'est la fille de l'agence qui t'a embobiné. Une garce te fait un sourire, et on se retrouve ici, sans savoir si on va un jour revoir nos deux enfants.

La voix d'Odette se brise.

– On va peut-être finir dans un harem, avec ces musulmans, remarque Sylvie en se serrant plus étroitement contre Giorgio. (Mais elle ne vous semble pas si effrayée que cela.)

Vous rêvez un instant à la perspective de disparaître à jamais dans un harem. Franchement, cela ne vous dit rien. Malgré votre passion pour les loukoums dégoulinants de sucre et le fait délicieux de pouvoir grossir en paix.

– Moi, je préfère me suicider, proclame Odette en fière Bretonne.

– Nous nous suiciderons toutes! s'exalte Luisa.

– Faudrait d'abord qu'ils veuillent de vous pour les harems, ricane Robert qui n'est pas la galanterie faite homme.

– *Well*, dit Peter, qui sent que la discussion risque de tourner à l'orage, on pourrait peut-être maintenant s'organiser...

Au mot organisation, le Herr Professor et Frau Hannah applaudissent. Suivis du reste des Robinsons – exception faite de Wolfgang qui jette à la ronde un regard de hibou hargneux à travers ses grosses lunettes.

C'est ça, organisons-nous. Comme à l'O.N.U.

Oui, mais comment ça marche, ce machin-là?

Eh bien, avec des réunions, des commissions, des résolutions, des motions, des recommandations, des suggestions, etc.

Parfait.

Mais d'abord, remarquez-vous, il faut choisir une

langue internationale pour se comprendre les uns les autres.

George propose l'anglais. C'est la langue la plus usuelle, non?

– *Dear*, pour une fois, vous avez raison, susurre Allen.

Les Russes n'ont pas l'air d'accord. Le colonel murmure quelque chose dans l'oreille de la guide-interprète Natacha, qui se lève.

– En aucun cas, le camarade colonel Ivan Ivanovitch Tourbanov, la colonelle Olga Ivanovna Tourbanovna et moi-même n'accepterons que la langue du Grand Capitalisme et de la Guerre Froide soit la langue internationale parlée à l'île de Khadji-Furu.

– Oh! la la! Avec ceux-là, on n'est pas dans la merde, murmure Robert.

– Je broboze l'allemand, dit le Herr Professor, en français.

– Mais vous n'êtes que trois à parler l'allemand, remarque Sylvie.

– Deux, fait fermement Wolfgang, à la stupeur de tous (personne n'avait entendu jusque-là le son de sa voix, et l'opinion générale était qu'il était demeuré). Je suis citoyen du monde et partisan d'une langue sans barrière, comme l'espéranto.

On lui fait remarquer que personne dans les îles Maranas ne parle l'espéranto. Il part bouder derrière un cocotier, avec le reste de son toast hydrophile.

Vous proposez alors de voter. C'est là votre sang français qui parle, nourri de dizaines, de centaines, de milliers de votes à travers les Républiques.

Tout le monde tombe d'accord. D'ailleurs, à l'O.N.U., les autres passent leur temps à voter, c'est connu.

– Je propose de voter pour l'italien, dit alors

majestueusement le signore Aldo, toujours à plat ventre sur son bras. L'Italie est le berceau de la civilisation, mère de...

Quatre mains se lèvent avec enthousiasme. Celles des quatre Italiens.

– Nous sommes dix-neuf. Le majorité absolue est de dix, remarque Peter.

L'italien est rejeté comme langue officielle.

Sylvie suggère alors le français. Après tout, beaucoup de Robinsons le parlent ou le comprennent.

Les quatre Français lèvent la main avec élan. Peter aussi avec un petit clin d'œil dans votre direction. Après un moment d'hésitation, le colonel se penche vers Natacha qui traduit :

– Compte tenu de la situation et des dissensions qui sont bien la marque du monde capitaliste, mes camarades et moi acceptons de voter pour le français.

Trois voix russes. Puis celles des Italiens. Enfin, Frau Hannah et Herr Professor, après une certaine hésitation. Wolfgang s'abstient derrière son cocotier. L'espéranto ou rien.

Seuls restent irréductiblement contre : George et Allen. Ils s'en tiennent au principe de fer suivant lequel le monde entier – y compris Dieu et les chiens – doit parler anglais.

Tant pis pour eux. La démocratie a gagné. Une majorité s'est prononcée : on parlera français dans l'îlot de Khadji-Furu.

– Une bonne chose de réglée, soupire Robert, et maintenant...

C'est alors que surgissent les deux Suédoises. Leur apparition laisse tout le monde pantois. On les avait complètement oubliées, celles-là. Comment ont-elles pu échapper aux révolutionnaires du capitaine Mohammed M'Bata ? D'où sortent-elles ensommeillées, toujours nues (avec le dos et les fesses qui s'épluchent, remarque Sylvie avec une vilaine jubilation).

Elles ont dormi dans leur douche, à cause de la fraîcheur du carrelage. N'ont manifestement rien entendu, rien vu. Semblent surtout surprises d'apprendre qu'il ne reste plus de café.

Salvatore leur explique la situation : non più breakfast, non più café, non più vacanza. C'est la rivoluzione.

Manifestement, les deux Suédoises saisissent mal. Quoi, non più café? Robert vient à leur secours :

– Tactactac-tactac... Révolution.

Les deux déesses scandinaves conservent un sourire ravissant mais idiot. (« Elles ont laissé leur tête en Suède, celles-là », chuchote Sylvie dans votre oreille.)

– Quoi, tactactac-tactactac... Révolution?

Le Herr Professor prend les choses en main. En quelques mots d'allemand, il leur brosse un tableau dramatique des événements vécus par les Prisonniers du Lagon. Ja! ja! font les créatures nues qui, bien que suédoises, conservent un calme dit olympien. (A votre avis, elles n'ont toujours rien compris.)

Le Herr teuton fait alors remarquer que, puisque ces deux demoiselles – qu'on avait complètement oubliées – ne barlent bas un mot de vrançais, mais l'allemand, ne convient-il pas de reboter sur la question de la langue internationale?

Un tollé général accueille sa proposition. Ah non! On a déjà assez perdu de temps avec cette histoire de langue. On parlera français aux réunions et aux repas, et ceux qui ne comprennent pas se feront traduire par les autres.

– La nuit, on peut parler la langue qu'on veut, ajoute Robert avec un regard égrillard avant de recevoir de sa femme un bon coup de pied dans les tibias.

Bon. Maintenant, n'est-il pas urgent de créer une commission chargée de l'inventaire des ressources de l'île? Particulièrement en ce qui concerne la nourriture. Tout le monde lève la main. Unanimité des votes pour la création d'une commission. Même Wolfgang vote derrière son cocotier.

Composition de la commission?

Confusion générale. Les Russes ne veulent pas voter pour les Allemands de l'Ouest ni pour l'Américain (toujours à cause du Grand Capitalisme). Les Allemands ne veulent pas voter pour les Russes (bolcheviques). Les Anglais ne veulent pas voter pour les Italiens jugés peu sérieux. A part le signore Aldo, naturellement. Mais celui-ci est hors d'état de parler, Peter ayant entrepris enfin d'arracher les piquants d'oursins de son arrière charnu, avec la pince à épiler de Luisa.

– Aïe, aïe, aïe, mes pauvres fesses... Au secours, la Madonna! gémit le noble Romain, toujours à plat ventre sur son bar.

Après quelques mots de réconfort envers son premier blessé, l'Assemblée des Robinsons des Maranas reprend ses travaux.

Pourquoi ne pas désigner les Français pour effectuer l'examen des stocks? Après tout, Robert et Odette ont un magasin, et les inventaires, cela les connaît.

Robert se lève, l'air ému.

– Je remercie l'Assemblée de sa confiance, mais personnellement j'aimerais être chargé d'une autre mission. Fracturer la boutique de l'hôtel. Mon magasin a été cambriolé neuf fois et j'éprouverais une joie particulière à cambrioler à mon tour... Je ne sais pas si vous comprenez...

Les Robinsons conviennent qu'il y a là un cas

social. Robert est désigné pour effectuer le premier casse des Maranas révolutionnaires.

C'est au tour du Herr Professor de se lever :

– Ma femme et moi, nous dirigeons une bension de jeunes filles en Bavière. Nous serions donc très heureux de nous occuber d'organiser le camp.

Toutes les mains se lèvent, sauf celles des Russes et de Robert.

– Pourquoi tu votes contre? chuchote Odette.

– C'est le mot camp, cela me rappelle des mauvais souvenirs.

– Arrête : tu préfères le goulag?

Bon. Encore une gaffe. La vie n'allait pas être facile sur l'îlot de Khadji-Furu.

Robert lève une main boudeuse.

A l'unanimité, moins trois voix russes, le Herr Professor et Frau Hannah sont élus organisateurs du camp des Prisonniers du Lagon.

Le responsable de la pension Wiener prend immédiatement, avec fermeté, la direction des opérations.

– Je broboze, dit-il, que la commission de l'inventaire des stocks soit combosée de deux Anglais, deux Russes et deux Italiens.

Résolution votée à l'unanimité.

– Je broboze, reprend le Herr Professor, que le Doktor Peter J. Elliot s'occube de la radio et de l'infirmerie.

Résolution votée à l'unanimité. Petcr réclame deux assistantes : Sylvie et vous. Et que chaque Robinson remette ses médicaments pour création d'une infirmerie.

Résolutions votées à l'unanimité. Avec acclamations.

Robert fait remarquer que l'Assemblée des Prisonniers de Khadji-Furu est en train de donner à l'O.N.U. une leçon d'efficacité et de courtoisie qu'elle devrait bien suivre. Les affaires du monde s'en porteraient mieux. Applaudissements sur tous les bancs.

– Je suggère, reprend alors le Herr Professor, que les tâches ménagères telles que la cuisine, la vaisselle et le ménage soient effectuées à tour de rôle bar les femmes.

Alors, là, éclate un très beau tumulte. Plus du tout question de courtoisie.

Le camp féminin se soulève d'un seul élan (exception faite des deux déesses scandinaves, trop occupées à grappiller un reste de petit déjeuner).

Clivage machiste! Ghetto féminin! Moyen Age culturel! Non aux Femmes à la Cuisine et aux Hommes au Gouvernement! Même Luisa lâche la main d'Aldo pour participer à la manif. Ainsi que Wolfgang qui réapparaît de derrière son cocotier pour vous porter secours. « Le mépris de la Femme est inhérent au système bourgeois », énonce-t-il sentencieusement. Les deux dames russes ne disent rien mais on voit bien qu'elles sont d'accord. S'il n'y avait pas la Sibérie, le colonel en prendrait pour son grade.

Le clan masculin essaie d'abord de résister. « Tiens, voilà les Pétroleuses... » « C'est la Sainte-Alliance des soutiens-gorge. » « On en a marre des féministes mal baisées », ose même ricaner Robert.

– Mal baisées par *qui*? hurle Sylvie.

Devant cette attaque directe, le lobby mâle recule. D'accord. D'accord. On fera des tours de corvées ménagères pour tous et toutes, suivant un système que le Herr Professor et Frau Hannah vont mettre au point. Mais pour le déjeuner? Qui est volontaire pour le déjeuner? Sylvie assure que les deux Suédoises le sont. N'est-ce pas? Les deux malheureuses, qui continuent à ne rien comprendre à rien, répondent par un sourire enchanteur. Une méfiance générale peut se lire cependant sur les visages des Robinsons. Qui a réellement envie de manger un repas préparé par la Suède? Tant pis. On verra bien. De toute façon, la communauté de Khadji-Furu va désormais vivre dangereusement.

– Et maintenant, je broboze... dit le Herr Professor.

– De piquer une tête dans le lagon, coupe Robert. Parce que, à force de voter, l'heure du déjeuner arrivera avant qu'on ait eu le temps de se baigner.

– Oui! oui! crient les Prisonniers de Khadji-Furu. Allons nous baigner! Voter, c'est bien. Bronzer, c'est mieux.

Et l'Assemblée se sépare dans le plus grand désordre. Comme à l'O.N.U.

L'eau du lagon est toujours délicieusement tiède et transparente. Pas une palme de cocotier ne bouge. Le sable est incroyablement doux. Le soleil vous enveloppe d'une chaleur exquise. Les poissons tournoient inlassablement autour des coraux. Qui pourrait imaginer devant ce calme superbe et ce paysage à vous fendre le cœur de beauté que, de l'autre côté de la barrière de corail, des hommes se battent, peut-être même se tuent?

Pourtant, la barque mouillée dans la passe contient bien deux sentinelles maranéennes avec leurs fusils qui se détachent nettement sur le ciel bleu profond.

Quand vous ralliez votre poste à l'infirmerie, Peter est en train d'inaugurer son armoire à médicaments avec une bouteille de cognac qui a miraculeusement survécu à la vindicte révolutionnaire.

Sylvie arrive à son tour. Elle a fait la récolte des médicaments dans les bungalows. Son sac de plage est gonflé.

– *Good*, dit Peter.

– Attendez de voir, répond Sylvie avec un drôle de sourire.

Elle vide le sac de médicaments sur la table.

Que du Valium.

Vous vous regardez tous les trois. Vous n'auriez jamais supposé que les touristes de Dix-jours-de-rêve étaient tellement stressés.

Même les Russes prennent du Valiumski.

Peter soupire. Chiennes de vies idiotes. Cette montagne de tranquillisants le prouve. Vous ne lui racontez pas l'histoire préférée de votre médecin – qui vous a prescrit du Valium, lui aussi : « Si on faisait descendre d'un wagon de métro les gens qui prennent du Valium, tous les voyageurs descendraient, sauf un. Un sourd qui n'aurait pas entendu la question. »

En dehors du célèbre tranquillisant, pas grand-chose, sinon un peu de mercurochrome, quelques pansements adhésifs et divers médicaments aux modes d'emploi incompréhensibles au premier coup d'œil. Avant que vous ayez pu approfondir la question, votre deuxième blessé se présente.

Robert.

Il est couvert d'éclats de vitre. Le cambriolage de la boutique n'a pas été aussi facile qu'il le croyait.

D'abord, impossible de fracturer la serrure ni avec une lime à ongles, ni avec une queue de casserole, ni même avec un couteau. Tout a cassé. Il est évident que les serruriers maranéens ont une conscience professionnelle particulièrement élevée. Robert a ensuite tenté, avec l'aide d'Odette, de défoncer la porte avec une table. Mais les charpentiers maranéens ont, eux aussi, une conscience professionnelle particulièrement élevée. La porte n'a pas bronché. La table non plus. Wolfgang est alors intervenu. Il a proposé à Robert de lui préparer un cocktail Molotov. Le Breton a refusé avec énergie. Il est cambrioleur. Pas terroriste. Wolfgang est reparti bouder derrière son cocotier.

Il ne restait comme solution à nos casseurs que briser la fenêtre. Robert a donc lancé un tabouret de bar dans la vitrine. Mais tout art doit s'apprendre. Et, pour son premier méfait, le cambrioleur de Khadji-Furu s'est retrouvé criblé de morceaux de verre.

– C'est la métier qui rentre, dit Peter en frottant délicatement les plaies de Robert avec du mercurochrome.

En deux minutes, l'apprenti malfaiteur de l'île ressemble à un Peau-Rouge avec sa peinture de guerre.

– Les blessés n'ont pas droit à un petit cognac? demande-t-il plaintivement.

Peter lui tend la bouteille.

Robert avale une longue gorgée. Et soupire de bonheur. Malgré ses blessures, il a pris un immense plaisir à fracturer la boutique. Un pied terrible, précise-t-il.

Il quitte l'infirmerie, tout content, en répétant : le pied... le vrai pied...

– Un vocation vient de naître, résume Peter.

– Bon, je vous laisse, dit précipitamment Sylvie, j'ai à faire...

Elle vous quitte en trombe. Vous supposez que c'est pour aller surveiller son Giorgio et l'empêcher de ramper du côté de la Suède.

En attendant le prochain blessé, vous vous étendez au soleil à côté de Peter sur sa petite terrasse. Il vous enduit le dos de crème et sa main est douce. Curieusement, vous vous sentez bien et cette aventure incroyable vous amuse.

– Mariée? interroge la voix de Peter.

– Mariée, un enfant, avocate.

– Qu'est-ce qui vous a amenée ici?
– Syndrome du ras-le-bol de tout.

Peter sourit au soleil et à vous. Vous l'interrogez à votre tour. (Il n'y a pas de raison.)

– Et vous?
– Divorcé. Deux boys. Syndrome du ras-le-bol de tout.

Munis de ces précieuses informations, vous retournez tous les deux à votre béatitude.

Soudain, des éclats de voix allemandes parviennent jusqu'à vous. Vous vous redressez. Et voyez apparaître la silhouette de Wolfgang zigzaguant à travers les cocotiers qu'il a le plus grand mal à éviter.

Il réussit néanmoins à rallier l'infirmerie. Où il s'écroule. Il est non seulement aveugle, sans ses lunettes, mais brûlé sur la figure, et il se tient le crâne à deux mains. Il bégaie des phrases confuses tandis que Peter ressort le mercurochrome pour désinfecter les brûlures. (Si cela continue, tous les hommes de l'île vont ressembler à des Peaux-Rouges.) Vous essayez de comprendre ce qui s'est passé.

Il semble que Wolfgang ait commis une bêtise. Chargé par « Mutti » (Frau Hannah) de faire l'inventaire des boîtes d'allumettes de la boutique, Wolfgang a eu l'idée saugrenue de sortir les allumettes de leurs boîtes pour en faire des petits paquets de dix. Ce travail terminé, que s'est-il passé? Ni Dieu ni Allah ne le savent. Wolfgang a-t-il craqué une allumette? Ou enlevé ses lunettes pour les poser sur les allumettes et provoqué avec l'aide du soleil un diabolique effet de loupe? Toujours est-il que toutes les allumettes se sont enflammées d'un seul coup. Brûlant le visage horrifié de Wolfgang. Informée du désastre (plus d'allumettes pour allumer le fourneau), Frau Hannah ne s'est nullement apitoyée sur les malheurs de son fils. Elle a saisi une brique de viande surgelée (si, si, jure Wolfgang, une brique de viande surgelée) et l'a abattue vigoureusement sur la tête de Wolfgang en train de remettre ses lunettes.

Sous le choc, celles-ci ont sauté en l'air à vingt mètres. Un des deux Anglais, qui passaient par là, les a écrasées sous ses sabots de plage.

– *Sorry, old chap!*

– George, vous ne faites jamais attention à rien.

– Allen, comment pouvais-je imaginer que des lunettes poussaient au pied des cocotiers?

Wolfgang est tellement déprimé que Peter lui propose un Valium. Le jeune écolo préfère le cognac.

Soudain, un cri étrange éclate. Un puissant jodle tyrolien (*Yooouu la hi..hi..youula hi hi*) fait sursauter les Robinsons de l'île de Khadji-Furu.

C'est le Herr Professor qui pousse le cri des montagnards autrichiens. En guise de gong.

Convocation de l'Assemblée de l'île.

Vous espérez que les sentinelles maranéennes dans leur barque ou même le capitaine M'Bata à la tête de ses partisans ne seront pas effrayés par ce son bizarre pour leurs oreilles plus habituées au tam-tam. Du moins, vous le supposez.

Quand vous arrivez à la salle à manger avec Peter, après avoir cadenassé l'infirmerie – à cause du cognac –, vous y trouvez tous vos compagnons.

Le visage consterné.

Le rapport de la Commission d'Enquête chargée de l'inventaire des Ressources de l'île est mauvais.

Très mauvais.

Le Herr Professor lit un petit papier:

– Inventaire/nourriture: 99 kg de café. 7,850 kg de thé. 62 kg de spaghetti. Toutes sortes de piments, d'épices et de sauces existant sur terre (ça, vous

aviez vu). 97 boîtes 1/2 de 5 kg de pêches californiennes. Un baril d'huile. Et 8 bananes.

– Eh bien! on ne mourra pas de faim, remarque
Robert, optimiste.

Le Herr Professor lui jette un regard noir et
reprend sa lecture :

– ... dans les frigidaires et congélateur : 226 pizzas
surgelées, 42 bouteilles de vin blanc italien, 10 kg de
joukroute fraîche...

– De la choucroute fraîche? Par cette chaleur
tropicale. Quelle horreur!

Les Allemands pincent les lèvres.

– La joukroute fraîche, c'est très bon, même par
40° à l'ombre.

Ah bon!

– Vaut mieux de la choucroute fraîche que de
crever de faim, remarque Odette, diplomate.

– Pas de frites? interroge Robert anxieux.

– Pas de frites, si l'on excepte quelques patates
germées au fond d'un vieux seau rouillé.

– Pas de légumes.

– Plus de jus d'orange.

– Du beurre pour deux repas, du pain pour la
journée mais pas plus, et il faudra rationner (tout le
monde regarde avec reproche les Russes qui fei-
gnent de ne pas comprendre). 5 kilos de sucre,
36 œufs (sauf pour les Allemands – qui baissent les
yeux) et deux énormes rôtis surgelés en forme de
brique avec lesquels Frau Hannah a manqué tuer
Wolfgang.

Et naturellement plus d'allumettes.

Et c'est tout.

Un grand silence se fait.

Il apparaît que le bateau de 17 heures était bien
un bateau nourricier qui apportait tous les jours
aux clients de l'hôtel de Khadji-Furu de quoi survivre le lendemain.

Peter fait remarquer qu'on peut subsister quelques semaines de spaghetti (sans beurre, sans fromage et sans tomates? les Italiens font la grimace), de pizzas et de pêches au sirop.

Quant aux protéines, le lagon en est plein.

Les Robinsons retrouvent un peu d'enthousiasme. Mais bien sûr! On va pêcher! Du poisson grillé avec du vin blanc, c'est délicieux. Ça coûte très cher, l'été, à Saint-Tropez.

Pas de découragement. Les touristes de Khadji-Furu ne vont pas se laisser gâcher des vacances payées au prix fort par des mesquines raisons de ravitaillement.

— Quand même, bougonne Robert, ces Maranéens, ils auraient pu faire leur révolution une autre fois. Et s'arranger pour ne pas emmerder les charters de Dix-jours-de-rêve.

— Et l'eau? demande Peter, coupant le Breton dans ses récriminations touristiques.

C'est vrai ça, l'eau, quoi de plus important? Encore que, dans une île entourée de mer, on peut toujours se débrouiller, non? Bombard a bien survécu des semaines sur son canot en plein Atlantique.

— Oui, mais en suçant du poisson cru, dit une voix.

— Sucer du poisson cru, quelle horreur! fait Odette. Je ne pourrai jamais.

— Les Japonais le font bien.

— Pardon, ils le mangent, ils ne le sucent pas.

Pour l'instant, on n'en est pas là. La citerne est au quart pleine. Mais d'une eau saumâtre qui sent le soufre. Heureusement, le groupe électrogène fonctionne ainsi que le filtre d'eau potable. Par prudence, néanmoins, l'eau sera rationnée pour la boisson, la toilette et la vaisselle.

Du reste, tout est prévu sur le panneau d'affichage.

Et c'est là que les naufragés des Maranas prennent une grande leçon d'organisation allemande. Si Robinson Crusoé avait été bavarois et non anglais, il s'en serait mieux tiré. George et Allen encaissent en silence. Tout est indiqué par notes tapées à la machine par Frau Hannah qui, poussée par le grand sens du devoir de toute ménagère allemande, a sacrifié son bain du matin.

Heure des repas : 7 h 30. Midi. 7 h 30.

Heure de la douche et des toilettes : de 6 heures à 7 heures.

Ration d'eau filtrée par jour : 1 thermos. Plus une demi-bouteille d'eau minérale.

Extinction des lumières : 9 h 30.

Equipe de corvées ménagères : tirage au sort grâce à des petits papiers déposés dans une noix de coco sur le bar.

Interdiction de garder de la nourriture dans sa chambre.

Interdiction de se promener tout nu.

Dès que la lecture du règlement du camp, pardon de l'hôtel de Khadji-Furu, est terminée, tout le monde éclate en protestations. Ces horaires sont odieux! 7 heures du matin. On croit rêver. Beaucoup trop tôt, spécialement pour l'équipe chargée de faire démarrer l'abominable fourneau à bois de Mahomet. Ensuite, déjeuner à midi? Peut-être à la pension de jeunes filles Wiener! Mais pas aux Maranas! On n'a même pas le temps de prendre un bain de soleil convenable le matin. Et puis quoi encore? Extinction des feux à 9 h 30? On est en vacances. Pas en guerre. Si les Maranéens veulent jouer à la révolution dans leurs îles perdues, ce n'est pas une raison pour que les touristes se couchent comme des poules.

Frau Hannah et Herr Professor, devant la rébellion générale, jugent plus prudent de transiger et de modifier précipitamment leurs horaires.

Et pourquoi la nudité est-elle interdite? piaillent alors les Suédoises, prévenues sournoisement par les Napolitains. Frau Hannah reste ferme sur ses positions. Les révolutionnaires maranéens sont des musulmans intégristes et, s'ils reviennent – ou plutôt quand ils vont revenir –, il ne faut pas qu'ils trouvent des jeunes filles occidentales dans des tenues jugées offensantes par Allah. Et l'ayatollah Khomeiny.

Les deux Suédoises font savoir à Frau Hannah qu'elles n'en ont rien à foutre d'Allah. Leur Dieu à elles est Odin, divinité scandinave qui aimait le soleil et la mer. Elles resteront nues. Et merde à Khomeiny!

C'est l'impasse. On se prépare à voter.

Giorgio propose hâtivement une solution : installer un guetteur dans les cocotiers. Dès que les barques révolutionnaires seront en vue, les Suédoises courront se rhabiller.

L'idée est accueillie avec enthousiasme. Un guetteur, il faut un guetteur. Pour prévenir de l'arrivée de l'ennemi. Les Anglais proposent même de creuser des tranchées. Et Wolfgang (dont George à scotché les lunettes) de fabriquer des fausses grenades avec de la mie de pain et des goupilles taillées dans du tube dentifrice. Il sait.

– On n'a plus de pain, observe Odette.

– Des grenades en mie de pain? T'es vraiment une patate d'écolo, ricane Robert.

Wolfgang demande ce qu'est une « patate ».

Tout le monde lui assure que « patate » est un mot affectueux de la langue française, quelque chose comme « copain ».

Le Président demande alors à l'honorable Assemblée si elle a des suggestions à faire. Wolfgang la Patate réclame que l'on garde le régime de bananes pour Cheetah et Bingo. Motion votée à l'unanimité. On ne va pas abandonner dans le malheur nos petits frères les singes, comme aurait dit notre petit frère saint François d'Assise.

Entraîné par cette générosité coulant comme du miel du cœur des Robinsons de Khadji-Furu, Wolfgang propose alors de porter un peu de nourriture aux gardes maranéens. Deux pizzas, par exemple. Après tout, on a de quoi nourrir en pizzas une compagnie entière de Bersaglieri.

Un seul cri : non !

D'accord pour les bananes pour nos amis les singes, mais pas la moindre pizza pour les geôliers maranéens. Pourtant, ce serait un acte de bonne politique, fait remarquer le Herr Professor. Robert demande que l'on ajoute à la liste des interdictions celle de parler politique. Tout le monde se rallie à sa sagesse. Malheureusement, il ajoute : « Ma seule politique, c'est moi ! »

Après quoi, le signore Aldo fait un discours magnifique – malgré ses fesses tuméfiées. Il est fier de voir avec quel courage, quelle belle humeur, quel stoïcisme les Robinsons des Maranas font face à l'adversité. C'est une grande leçon donnée au monde entier par une poignée d'Européens. (On peut considérer que Peter est descendant d'Européens et la Russie n'est-elle pas notre Europe de l'Est ?) Oui ! il est important que chacun contribue à ce grand élan et que...

Tout le monde pressent que le discours de l'éloquent fabricant romain de salles de bains va être très long. On l'applaudit donc avec enthousiasme, le coupant net dans ses effets. Et l'on se précipite à table.

Si elles ont un ravissant petit derrière et de

charmants petits seins, les Suédoises n'ont, hélas, aucun don culinaire. Les pizzas, passées au four de la cuisinière à bois de Mahomet, sont mal dégelées et pâteuses. Le rôti, qui a servi à assommer Wolfgang, est brûlé à l'extérieur et cru à l'intérieur.

– C'est quoi, ça, comme viande? demande Robert à la cantonade.

Les uns optent pour de la vieille vache argentine. Les autres, du mouton australien, champion de course à pied.

– C'est du meûemeûe... ou du bêêê? interroge Robert qui veut savoir à tout prix.

Les filles du Nord ont l'air affolé.

– Laissez-les tranquilles, les pauvres créatures, s'écrie Luisa. Ou elles vont craquer.

Les Robinsons se consolent avec les pêches au sirop californiennes qui sont délicieuses. Et un café avec un demi-sucre par personne.

Après quoi, l'Assemblée vote à l'unanimité pour une bonne sieste.

17

Lundi. Aux îles Maranas.

A 4 heures de l'après-midi, les Robinsons se retrouvent sur la plage. Pour la partie de pêche. L'enthousiasme est général. Les poissons n'ont qu'à bien se tenir.

C'est alors que le problème apparaît dans son ampleur. Pêcher, certes, mais avec quoi? On a bien trouvé une ligne avec trois hameçons dans le bureau du directeur mais cela ne suffira certainement pas à attraper assez de poisson pour nourrir dix-neuf personnes deux fois par jour.

A moins d'être le copain Jésus et de multiplier les poissons-perroquets. Mais le copain Jésus ne semble pas s'intéresser à votre aventure. Et même les apôtres avaient des filets.

C'est alors que Vous (oui, toujours Vous), vous avez une idée.

Les moustiquaires.

Il faut dire que vous avez une vie tellement intense dans la vôtre qu'il est normal que vous y pensiez.

Tout le monde pousse un hourra et vous félicite. Un commando franco-anglo-russe court décrocher des mètres de tulle des bungalows vides. Rude bataille. Les moustiquaires se défendent comme de beaux diables. Elles n'ont apparemment aucune envie de se transformer en filets de pêche et s'accrochent férocement à leur plafond. Il faut les déchiqueter. Puis Frau Hannah, Sylvie et vous tentez d'assembler les morceaux avec des ceintures de peignoirs de bain et des lacets de baskets. Ce qui entraîne quelques discussions avec les possesseurs des peignoirs et des baskets.

Vers 5 heures, la communauté des Robinsons des Khadji-Furu dispose d'un long truc informe en tulle d'une dizaine de mètres de long et de hauteurs diverses, lesté par des morceaux de coraux repris sur la terrasse des Russes où ils sèchent dans une affreuse puanteur. (Les coraux. Pas les Russes.)

– On y va, crie Robert, qui s'est promu, en tant que Breton, chef de pêche.

Tous les hommes entrent dans le lagon avec le filet-moustiquaire. Wolfgang, qui n'y voit toujours pas grand-chose avec ses lunettes scotchées, suit le mouvement. Seul, le signore Aldo refuse de risquer de rencontrer à nouveau un nid d'oursins. On lui confie donc la ligne avec hameçons et il va asseoir ses fesses douloureuses sur un tabouret de bar au bout du ponton.

Le guetteur-Giorgio est laissé également à son cocotier d'où il surveille l'horizon avec les jumelles allemandes.

Lentement, la moustiquaire géante se déploie dans l'eau.

Alors les femmes (curieux, quand même, comme instinctivement le clivage hommes/femmes ne demande qu'à se reconstituer) avancent en criant et en battant l'eau de leurs mains.

– Y a plein de poissons! piaille Odette. Je les sens qui me chatouillent les mollets.

– Tais-toi! beugle Robert, tu vas les faire fuir.

Au moment où le filet-moustiquaire commence, grâce à un subtil mouvement tournant, à revenir vers la plage, emprisonnant les poissons, Sylvie, déchaînée, se met à chanter, à taper des mains en cadence. Et à mimer une danse du ventre dans la plus belle tradition africaine.

– Ouh! la la!... ouh! la la... ouh! ouh!

L'excitation monte. Même Frau Hannah et l'énorme colonelle Olga Ivanóvna Tourbanovna tortillent des hanches avec une vélocité inattendue, tout en hurlant :

– Ouh! la la... ouh! la la... ouh! ouh!

Les hommes, emportés par l'élan sauvage, reprennent en chœur :

– Ouh! la la la... ouh! la la... ouh! ouh!

L'exaltation est générale. La voilà la grande fête païenne de la Pêche. Même les pêcheurs sénégalais (toujours à l'honneur dans les docus de la télévision française) pourraient en prendre de la graine.

C'est alors qu'un grand éclat de rire explose et court sur l'eau calme du lagon jusqu'à vous. Interloqués, pêcheurs et danseuses s'arrêtent et tournent la tête vers l'origine du rire sacrilège. Ce n'est pas le signore Aldo, morose sur son tabouret de bar, ni Giorgio, silencieux dans son cocotier, ni Cheetah et Bingo qui sautent sur la plage. Non, ceux qui n'en peuvent plus de rigoler, ce sont les gardes maranéens.

Debout dans leur barque – toujours barrant la passe –, ils hurlent de joie en se tapant sur les cuisses et en faisant de grands gestes dans votre direction. Ils se mettent même à vous imiter bêtement, dansant et chantant à leur tour.

– Ouh! la la... ouh! la la... la la... ouh! ouh!

– Ma parole, mais ils se foutent de notre gueule, s'exclame Robert, furieux.

Et il fait un bras d'honneur dans leur direction. Ce geste insolent n'émeut nullement vos geôliers révolutionnaires. Ils gesticulent tellement joyeusement que l'un d'eux tombe, les quatre pattes en l'air, dans sa barque avec son fusil.

Un coup de feu part.

Tout le monde hurle. Pêcheurs et danseuses plongent dans le lagon. Aldo se met à l'abri sous son tabouret, Giorgio, surpris, dégringole avec un grand cri de son cocotier. Et fait un gigantesque *vlouff!* dans la mer.

Au bout de quelques secondes, les têtes précautionneuses et suffocantes des Robinsons-pêcheurs réapparaissent hors de l'eau.

– Rebli général à l'abri dans les bungalows! hurle le général Herr Professor.

– *No, no*, crie le group-captain Peter, ce n'est qu'une accident!

De fait, les deux révolutionnaires semblent terrorisés par leur propre coup de feu. Ils font dans votre direction de grands moulinets de bras qui peuvent passer pour des gestes d'apaisement. Puis ils se rasseyent dans leur barque, immobiles, silencieux, le fusil tranquillement posé sur les genoux.

Le signore Aldo, planqué sous son tabouret, est indemne. Giorgio, après son plongeon malencontreux, est revenu à la surface et se laisse dorloter par Sylvie. Rejointe par Miss Suède n° 1.

– Perdons pas la courage, crie Peter, on s'y remet.

On s'y remet, mais le cœur n'y est plus. Les poissons non plus. Affolés par tout ce tintamarre, ils se sont enfuis. Seuls une vingtaine de petits rayés jaune et noir, de zébrés bleu et jaune et des noirs à pois bleus sautent dans les replis de tulle déchiré.

Une bouchée pour chacun au déjeuner du lendemain.

Quant au signore Aldo, il a pêché un oiseau.

Un merle de cocotiers. Peut-être la fusillade a-t-elle rendu nerveux le fabricant de salles de bains? Ou sa canne en bambou était-elle trop souple? Toujours est-il que lorsque, dans un geste auguste de pêcheur, il a fouetté l'espace derrière lui avec sa ligne, un des hameçons a accroché – par une malchance inouïe – le bout de l'aile du malheureux volatile tranquillement installé sur une branche.

On ne sait qui fut le plus terrifié. Probablement le noble Romain. L'oiseau noir – dont vous aviez déjà remarqué le caractère hargneux et piailleur – se mit à voltiger dans tous les sens en poussant des cris furieux. (De mémoire de merle, on n'avait vu pareil maladroit.) Le signore Aldo jeta la ligne, la canne et le tout et vint chercher de l'aide.

Ce fut Giorgio qui décrocha la petite bête indignée. Elle s'envola vers une autre île. Répandre la nouvelle : attention les copains, il y a des fous à Khadji-Furu, ils nous hameçonnent!

Pendant ce temps, les Robinsons regardent le

produit de leur pêche avec une certaine inquiétude.

– Qui nous dit que ces poissons sont bons à manger? remarque Robert.

Il y a, hélas, du vrai dans cette réflexion. Un vent d'inquiétude souffle sur la plage. Quelqu'un croit savoir que le baliste est vénéneux mais personne ne sait comment est le (ou la) baliste. Un autre Robinson évoque le poisson-lune japonais dont la poche intérieure contient un poison foudroyant. Un coup de couteau maladroit et, hop! une famille entière au cimetière.

– Toi qui adores la pêche au gros, tu dois connaître les poissons, fait observer Luisa au signore Aldo, remis de son combat avec le merle.

Mais le signore Aldo se défend :

– Ce que je pêchais, c'était photographié, pas mangé!

Alors, une voix suggère que quelqu'un serve de cobaye.

Comme chez les Borgia et le roi d'Arabie Saoudite. Il goûterait quelques petits bouts des poissons. S'il ne tombait pas raide mort dans les dix heures, la communauté mangerait le reste le lendemain.

Y a-t-il un volontaire?

Oui. Sylvie.

Tout le monde reste stupéfait. Quel courage inouï! Quelle grandeur d'âme! Quel mépris de la mort!

Vous en êtes moins sûre. Vous avez remarqué son air morose depuis quelques instants. Sylvie n'a pas apprécié le fait que Miss Suède n° 1 se soit élancée au secours de Giorgio lorsqu'il est tombé de son cocotier. Ni l'air énamouré avec lequel ce dernier a accueilli la Croix-Rouge suédoise. Il est clair qu'une rivalité amoureuse implacable est née : France/ Suède.

Sylvie, par son acte d'héroïsme, tente de ramener à elle un amoureux admiratif. Hélas, l'amour se rit de la vertu et du courage et les mystères du cœur sont insondables, comme le dit le proverbe malgache. En attendant, l'Assemblée décide de supprimer le guetteur. Pas question d'avoir un jambe cassée sur mon bras, déclare Peter.

Le sort avait prévu que vous étiez de corvée pour le dîner avec Odette et Robert.

Vous qui aviez quitté avec bonheur vos appareils perfectionnés de ménagère bourgeoise, vous voilà transformée en cantinière pour naufragés dans une cuisine datant du Moyen Âge.

Mais l'aventure, c'est l'aventure. (C'est Lelouch qui l'a dit cette fois, pas les Malgaches.)

Votre petite équipe se répartit cependant les tâches dans la bonne humeur. Robert à la pluche des patates. Odette se charge de ranimer la cuisinière à bois de Mahomet. Et vous, vous allez dans la réserve ouvrir une boîte de pêches au sirop californiennes de cinq kilos.

Avec quoi?

Vous doutez de l'existence d'un seul ouvre-boîtes électrique dans l'ensemble des deux mille îles Maranas. Mais il doit bien y avoir quelque part un ouvre-boîtes à main.

Où?

Tandis que Robert vous détaille sadiquement toutes les marques les plus modernes d'ouvre-boîtes électriques qu'il a dans son magasin à Paimpol (un simple regard et bzzz, bzzz... n'importe quelle boîte s'entrebâille magiquement), vous fouillez la cuisine. Rien. Ni dans les tiroirs. Ni sur les étagères. Ni dans les armoires. Ni dessus les armoires. Ni dans le placard aux balais et au pot de confiture de fraises.

Vous tentez de rassembler vos souvenirs de scoute éphémère (on vous a renvoyée au bout de quarante-huit heures pour « incapacité notoire à dresser une tente. Circonstance aggravante : ça la fait rire »). Ce qu'il vous faudrait, c'est une lame.

Vous saisissez un gros couteau de cuisine et, à l'aide de l'énorme pierre qui cale la porte, vous tapez comme une folle pour trouer la boîte. Mais vous avez beau frapper au risque de vous écraser les doigts, le bout de votre arme n'entame même pas le métal. Pas la moindre éraflure.

La vérité vous saute aux yeux. Que le M.L.F. vous pardonne : vous n'êtes qu'une faible femme. Ce qu'il vous faut, c'est un homme fort avec des muscles virils. Vous allez demander l'aide de Salvatore.

Celui-ci abandonne Miss Suède n° 2, qu'il était en train de chatouiller, tandis qu'elle poussait des gloussements ravis, et vient à votre secours.

Il se saisit de son couteau de plongée qu'il porte, tel un James Bond des mers, attaché à son mollet et se met à son tour à taper comme une brute sur la boîte.

Sous le choc, celle-ci, surprise, plie légèrement. Mais ne s'entrouvre même pas. Il est évident que la société californienne utilise pour ses fabrications des morceaux de chars de la dernière guerre achetés aux surplus. Ou du blindage de coffre-fort. Et ce ne sont pas des pêches américaines que vous allez trouver à l'intérieur des boîtes. Mais de la drogue.

Salvatore est furieux. Il jure comme un fou. *Puttana!*... *Merda!*... Attirés par le tapage, Herr Professor et Frau Hannah viennent voir ce qui se passe.

Salvatore rassemble ses dernières forces et abat le caillou sur le couteau avec une violence inouïe. La boîte part comme un ballon de foot lancé par le pied de Platini et ne rate pas la tête du Herr Professor qui s'effondre sur les sacs de piments.

– *Grosses Schwein! Assassino!* hurle Frau Hannah en direction de Salvatore consterné, resté la bouche ouverte.

Mais, au moment où vous allez proposer de transporter le Herr Professor à l'infirmerie pour examiner sa fracture du crâne, ce dernier se relève. Son front de bronze germain a résisté à la boîte de pêches californiennes. En fait, c'est la boîte qui a une bosse.

C'est alors que vous avez une idée lumineuse.

Le tire-bouchon, chez vous, en France, court systématiquement se cacher au moment précis où vous voulez déboucher la bouteille de Fitou rouge du dîner. Sous le frigo.

Vous vous mettez à quatre pattes et vous regardez sous le frigo.

L'ouvre-boîtes y est.

Ce qui prouve bien que, d'un bout de la terre à l'autre – maranéen, français, allemand, italien ou japonais –, les objets ménagers se comportent de la même façon caractérielle.

Cet ouvre-boîtes est minuscule. Un bébé ouvre-boîtes. Aucun pique-niqueur n'en voudrait. Mais vous êtes naufragée sur une île déserte. Pas question de faire la fine bouche. Vous mettez simplement vingt minutes à forer une petite ouverture dans le couvercle de la monstrueuse boîte tordue et bosselée. Et vous extirpez une par une, avec une fourchette, les pêches déchiquetées.

Pendant ce temps-là, Robert est retourné à ses frites en grommelant et montrant ses mains tailladées par l'épluchage (ce qui semble bien amuser Odette).

– Quand je pense que j'ai payé plus d'un million

pour venir ici faire la corvée de pluche comme à l'armée, remarque-t-il, furieux.

Il est encore plus furieux quand – alors qu'il est penché en train de ramasser une patate qui lui a échappé – sa femme lui tapote tendrement les fesses.

– Arrête! je t'en prie! c'est pas le moment.

– C'est pourtant ce que tu me fais toujours à la maison, glousse Odette, réjouie.

Vous commencez à faire cuire les œufs-sur-le-plat.

A votre vingtième œuf-sur-le-plat, vous haïssez les œufs.

Jamais plus vous ne pourrez regarder un œuf-sur-le-plat sans frissonner.

Jamais plus vous ne vous plaindrez de cuire *seulement* six œufs-sur-le-plat pour votre petite famille.

D'autant plus que, quand vous surgissez de la cuisine avec votre énorme poêle que vous tenez à peine à deux mains, vous êtes accueillie par une clameur d'émeute.

– On a faim! crient les Robinsons, on a faim!

Ils forment une file agitée : Poussez pas. – A la queue comme tout le monde. – Ce n'est pas parce que vous êtes un colonel soviétique que vous allez nous faire peur.

Certains tapent même dans leur assiette avec leur fourchette.

– Ceux qui rouspètent iront se coucher sans dîner! hurle Odette qui a dû être cantinière dans un lycée.

La rébellion se calme instantanément.

Ce qui n'empêche pas certains de contester votre art culinaire.

– J'aime pas les œufs « craqués », remarque Aldo avec dégoût.

– Le mien n'est pas cuit, *dear*. Trop baveux, insinue George.

– Est-ce qu'on est sûr, au moins, qu'ils sont frais? renifle Luisa.

Vous refrénez l'envie de leur retourner la poêle sur la tête.

– Très bien, on va les donner aux poissons du lagon, dit vertement Odette, volant à votre secours.

Du coup, chacun plonge le nez dans son assiette.

– Et attention au pain, c'est le dernier.

Seuls les Allemands ne disent rien. Ils ont mangé leurs œufs ce matin, ils n'y ont pas droit ce soir. Ils se contentent dignement de leurs frites. Et de vos pêches au sirop, qui, même déchiquetées, restent délicieuses.

Mais le Herr Professor n'oublie pas qu'il a la responsabilité de l'organisation générale.

– Il y a un broblème, déclare-t-il, sentencieusement, c'est le feu. On n'a bresque blus d'allumettes et beu de briquets individuels.

Wolfgang, le responsable du désastre, propose de frotter des silex. On lui fait observer qu'il n'y a pas de silex dans le sable des Maranas. Qu'il la boucle et se fasse oublier.

Reste une seule solution.

La préhistorique.

Conserver un feu allumé nuit et jour. Ainsi les équipes de la cuisine, les fumeurs, les utilisateurs de tortillons antimoustiques, etc., viendront s'y approvisionner.

Le signore Aldo rappelle que, du temps de la Rome antique (berceau de notre civilisation), les vierges étaient chargées d'entretenir la flamme sacrée.

On a bien le feu sur l'île Khadji-Furu.

Mais a-t-on les vierges?

Tous les yeux se portent machinalement sur les deux jeunes Suédoises.

Méritent-elles d'être élues rosières des îles Maranas? Personne n'ose le penser.

George lève alors la main. Bien que n'étant pas une vierge romaine, et son compagnon non plus, il se porte volontaire avec Allen pour entretenir le Feu Sacré devant leur bungalow, nuit et jour.

On applaudit fort leur proposition qui tire les Robinsons d'une situation délicate.

– Si le feu s'éteint, vous serez privés de thé, menace Aldo.

Devant cette perspective, les deux vestales britanniques frissonnent.

By God, le feu brûlera toujours sur l'île de Khadji-Furu.

18

Dans la nuit du lundi. En France.

Dans votre pavillon, à l'autre bout du monde, tout le monde dort paisiblement.

L'Homme dans la chambre conjugale. Fille Aînée dans sa chambre de jeune fille avec Petit Garçon. Prunelle a téléphoné dans la soirée, de chez Ariane. Les deux petites créatures ont assisté pendant le week-end à un concert de rock d'un nouveau groupe *terrible* : les Mad Stranglers. En classe, beuh, ça va, sauf quelques heures de colle infligées par le prof de maths qui *hait* Prunelle.

Le Fou ronfle sous sa tente où il s'est remarquablement installé. L'homme de la Vierge a le sens du camping. Il a « emprunté » à des voisins (que, heureusement, vous ne connaissez pas) un matériel complet. La statue de Notre Dame de Fatima trône au pied de son sac de couchage sur une pile de B.D. de Prunelle.

Bref, tout est tranquille sous les étoiles qui sont les mêmes (mais à l'envers, non?) que celles que vous avez regardées quelques heures plus tôt, assise dans le noir sur la plage, à côté de Peter. Après une distribution générale de Valium.

L'Homme a eu un peu de mal à s'endormir. Il était grognon. Dans l'après-midi, il a essayé de téléphoner à l'Autre mais elle lui a fait répondre qu'elle était en Chine. Vous ne jureriez pas que l'Homme regrette votre absence. Non. Ce qui le tracasse, c'est que sa vie, depuis votre départ, est devenue vraiment cahotique. Pourtant, tout roulait bien. Une femme-autruche. Une maîtresse deux fois par semaine. Une maison en ordre. Une existence normale, quoi. Et maintenant, rien que des emmerdements. A ajouter aux tracas du Jouet français coincé entre les grandes sociétés américaines et la main-d'œuvre bon marché asiatique. Les Coréens sont le cauchemar de l'Homme. Il soupire. Il a un complexe secret. Il aurait voulu être non pas P.-D.G. d'une petite usine de jouets mais recteur d'université ou, mieux, directeur de France-Culture.

L'Homme s'est levé. Et il est allé prendre lui aussi un comprimé de Valium, sous l'œil méfiant de Chavignol qui, craignant qu'on ne le redrogue, s'est glissé sous le lit, hors d'atteinte des traîtres somnifères.

Soudain, l'Homme est réveillé – malgré son sommeil profond – par des hurlements indistincts.

Un bruit de lutte sauvage.

Chavignol jappe frénétiquement.

L'Homme sort, comme un fou, de sa chambre, et manque s'embrocher sur un ski que Fille Aînée, jaillie elle aussi de son lit, tient comme une baïonnette.

– C'est dans le jardin! crie Fille Aînée.

On entend des « Au secours! Au secours! » proférés par une voix mâle.

– Mais c'est Arnaud! s'exclame Fille Aînée qui devient pâle et dévale l'escalier.

L'Homme la suit.

– Chérie! Attention! Laisse-moi passer le premier!

Dehors, un incroyable spectacle.

Le Fou et Monsieur Gendre en train de se battre sauvagement.

– Je le tiens! Je le tiens! crie le Fou qui tente d'étrangler Monsieur Gendre d'une main, tout en brandissant de l'autre une bombe à gaz lacrymogène avec lequel il veut manifestement pschitter l'envahisseur.

– Lâchez-moi! Lâchez-moi! hurle désespérément Monsieur Gendre.

– Lâchez-le! Lâchez-le! se met à glapir Fille Aînée qui s'efforce, avec son ski, de taper sur la tête du Fou.

– Assez! beugle l'Homme, si fort que les loups de la steppe sibérienne en tressaillent encore. Et que Chien Chavignol court se mettre à l'abri sous la table de la cuisine.

Le Fou lâche Monsieur Gendre. Confusion. Explications.

Il apparaît que l'homme de la Vierge avait décidé d'être non seulement le jardinier, le laveur de carreaux mais aussi le gardien tutélaire de votre maison. Toutes les deux heures, il effectuait une ronde dans votre jardin, armé de la bombe de self-défense trouvée dans le vase rouge de votre entrée – où elle était dissimulée. C'est ainsi qu'il avait surpris Monsieur Gendre qui, lassé de voir sa femme et la mère de son Fils lui raccrocher systématiquement le téléphone au nez, tentait, au cœur de la nuit, de se faufiler sur le balcon de sa chambre de jeune fille. Comme au bon vieux temps. (Ni vous ni l'Homme n'aviez jamais soupçonné que le sérieux futur Monsieur Gendre était capable, tel Roméo, de grimper le long d'une gouttière.)

Comprenant que celui qu'il avait pris pour un dangereux extraterrestre n'était autre que le mari de sa jeune bienfaitrice, le Fou éclate en sanglots et menace de s'asphyxier lui-même avec le Super-Self-Défense-Gaz.

Il faut le consoler. Tout le monde rentre dans la maison. L'Homme verse un verre d'alcool de vieille prune à la ronde. Fille Aînée et Monsieur Gendre disparaissent dans la chambre de jeune fille. Une réconciliation semble possible. Le Fou repart sous sa tente. L'Homme et Chien Chavignol remontent se coucher.

Ils trouvent Petit Garçon endormi dans le lit conjugal (que, décidément, il affectionne) dans son exquise odeur de pissou. L'Homme se contente de le pousser et tombe endormi à côté de lui. Chien grimpe aussi sur le lit.

Seul le Fou pleure sous sa tente en demandant pardon à la Vierge.

19

Mardi. Aux îles Maranas.

Vous êtes réveillée à l'aube par des coups violents à la porte du bungalow le plus proche du vôtre : celui de Peter. Décidément, le sommeil est maudit à

Khadji-Furu. Le Lot est plus tranquille. Les voix angoissées de Suède n° 1 et Suède n° 2 l'appellent à tue-tête. Vous entendez le biologiste américain sortir sur sa terrasse. Concert de récriminations scandinaves. Vous nouez un paréo et vous sortez voir qui est malade.

– Ah! j'allais vous chercher, dit Peter aux prises avec les deux filles du Nord qui semblent au comble de l'agitation. Je ne comprends pas où elles ont mal.

Suède n° 1 et Suède n° 2 se précipitent vers vous. Elles réclament quelque chose d'un ton particulièrement suraigu. Tout à coup, vous croyez entendre le mot « pilule ».

– Elles veulent leurs pilules, dites-vous à Peter.

– Leurs pilules de quoi?

– Heu... leurs pilules de la Pilule, je suppose.

– Mais je n'ai pas de...

Vous vous regardez tous les deux. Hier, vous avez bien remarqué, dans les médicaments récoltés par Sylvie, des boîtes à usage inconnu. Est-ce que, par hasard, Sylvie, dans son ardeur, n'aurait pas arraché aux déesses scandinaves leurs pilules anticonceptionnelles? A moins que...

Peter ouvre l'armoire à pharmacie. Les Suédoises se jettent sur deux plaquettes. Un soulagement intense se peint sur leurs visages. Elles vous embrassent. Embrassent Peter. Et s'enfuient dans un gazouillis ravi.

– Je ne comprends pas ce qui a pu se passer, remarque Peter.

Vous oui.

Du reste, la fautive apparaît, s'étirant sur sa terrasse.

– J'ai cru entendre du bruit, crie-t-elle. Un nouveau débarquement?

Vous allez lui faire part de l'horrible soupçon qui

159

a traversé votre esprit. A-t-elle, oui ou non, privé volontairement les Filles du Nord de leurs pilules?

Sylvie se marre. Oh... bon... heu... c'était une petite blague.

Elle s'arrête de rire. Son visage s'angoisse.

Pourquoi ces deux salopes avaient-elles tellement besoin de leur comprimé anticonceptionnel, ce matin, hein?

Les ombres noires de la suspicion, de la jalousie, du dépit amoureux passent tour à tour sur son visage de musaraigne bronzée.

– Ah! le chien galeux! le porc bouffi! gémit-elle. Il m'avait dit qu'il était fatigué, la nuit dernière, qu'il voulait dormir... Dormir, tu parles...

Il semble que le beau Giorgio ait trompé la France avec la Suède. Sylvie devient blanche de rage.

– Je hais ce genre de filles, glapit-elle, qui n'ont qu'à apparaître et tous les hommes ouvrent la bouche avec une infecte admiration.

Vous approuvez. Vous connaissez, vous-même, la fièvre du poison quand il brûle le sang d'Othello.

– Elles peuvent bouffer toutes les platées de patates qu'elles veulent, elles ne grossissent jamais, se lamente la délaissée. Moi, la vue d'un yaourt me fait prendre un kilo...

Oui, oui, oui.

– Elles n'ont qu'à tourner vers eux leur visage borné pour que tous les mâles tombent à genoux. Nous, on doit ramer de toutes nos forces pour obtenir simplement qu'un bonhomme fasse attention à nous. Et, après, lui jurer sans cesse qu'il est le plus beau, le plus intelligent, le plus viril. Injuste. J'en ai marre.

Oui, oui, oui.

– Et tu voudrais que, si j'ai l'occasion de flanquer

la pagaille chez ces punaises du Nord, je ne la saisisse pas?

Heu... oui! oui! oui! Et tant pis pour la morale.

Vous aussi, vous avez souvent rêvé de remplacer les pilules de l'Autre par des comprimés de pesticide. C'est dur d'être une femme aux prises avec une maîtresse triomphante.

– Les hommes, tous des salauds! crie Sylvie.

Vous lui avouez que parfois vous regrettez de ne pas en être un.

– Tu es malade! s'exclame-t-elle. C'est encore pire. Avoir les jambes poilues et se demander toujours si la fille a pris sa pilule.

Vous n'y aviez jamais songé.

Le jodle tyrolien du Herr Professor retentit à travers tout Khadji-Furu, jetant à bas de leurs lits les Robinsons encore innocemment endormis. Le beau Salvatore (a-t-il partagé la couche de Suède n° 2, cette nuit?) apparaît. Haletant. Vite. Vite.

Assemblée Générale Extraordinaire avant le petit déjeuner.

Ah bon! pourquoi?

La nouvelle éclate comme une bombe.

Il y a un voleur dans l'île.

Quelqu'un a dérobé dans les précieux stocks de vivres un paquet de sucre et cinq bananes. Il n'en reste plus que trois sur le régime et c'est leur air abandonné qui a attiré l'attention de Frau Hannah.

Tous les Prisonniers du Lagon se regardent, atterrés. Un voleur parmi eux?

Qui?

Chacun soupçonne chacun.

Les Napolitains, chapardeurs de naissance?

Les Français, gourmands comme des Français?

Wolfgang? Avec ces écolo-anarcho-gauchistes, on ne sait jamais.

Les Russes, pas si camarades que ça?

Le nuage noir de la méfiance étend ses vapeurs méphitiques sur l'île de Khadji-Furu.

Il faut absolument coincer le malhonnête, le juger, le mettre en prison (on en construira une). Peut-être même lui couper la main droite comme en Arabie Saoudite.

Le Herr Professor monte sur sa chaise :

– Je broboze, dit-il, la voix étranglée d'émotion, que le coubable se dénonce, qu'il rende les brovizions et qu'on lui bardonne.

Tout le monde crie. Oui, oui, c'est ça, bien parlé. On lui pardonnera. Le juste pèche sept fois par jour, dit l'Evangile. Chacun peut avoir un moment d'égarement. Mais qu'il rende la bouffe.

Silence tendu.

Personne ne se dénonce.

– Et si c'était les singes? dit brusquement Odette, dont l'âme naïve se refuse d'envisager que votre petite communauté recèle un serpent en son sein.

– *Good girl*, dit George. Il est évident que personne, ici, n'aurait le manque de fair-play de voler la nourriture appartenant à tous.

– Je ne sais pas si tu as raison, George, réplique Allen, on a vu pire dans les camps japonais.

Tout le monde s'exclame. Ah non! Vous n'allez pas nous parler de vos camps japonais. Ni des autres. Politique interdite. C'est au Règlement. La situation est déjà trop sérieuse.

– Une singe ne fait pas de provisions, remarque Peter, il aurait laissé les épluchures de bananes sur place.

Et si Frau Hannah s'était trompée dans ses calculs?

Les yeux de Frau Hannah lancent des éclairs bleu

acier. Pour qui la prend-on? Une maîtresse de maison allemande, directrice d'un collège bavarois de surcroît, ne fait pas d'erreur sur une question aussi importante que le contenu de ses armoires.

Non.

Quelqu'un a bien volé un paquet de sucre et cinq bananes.

La camarade Natacha se lève :

– Le colonel Ivan Ivanovitch suggère que l'on fouille tous les bungalows.

Un silence dramatique tombe sur l'Assemblée Générale des Prisonniers du Lagon.

– Je suis contre toute méthode policière inspirée des fascismes impérialistes, qu'ils soient de droite ou de gauche! crie Wolfgang, les yeux brillants d'ardeur anarchiste à travers ses lunettes scotchées.

– Ouais, t'as raison, mon pote, dit Robert, mais on ne peut pas se laisser faucher nos bananes par un enfant de pute!

– Qui bote pour fouiller les bungalows? demande le Président, Herr Professor Wiener.

Les mains se lèvent lentement les unes après les autres, sauf trois (Wolfgang, et les deux Suédoises qui n'ont naturellement rien compris à la discussion. Et n'ont même pas essayé).

Composition de la Commission de la Fouille?

On tire des noms de la noix de coco du bar qui sert d'urne.

1) Le colonel Ivan Ivanovitch (cela tombe bien), 2) le signore Aldo, 3) Peter.

– Je refuse, dit ce dernier. Je suis déjà la « docteur » et la « radio ». Je ne veux pas faire la « flic ».

– Moi, dit Sylvie, je réclame qu'une femme fasse partie de la Commission de la Fouille. Je déteste que les bonshommes mettent leurs papattes dans mes petites culottes.

Cette remarque paraît judicieuse à l'Assemblée, quoique un peu vulgairement formulée. Sylvie remplacera Peter. Unanimité des voix moins les Suédoises. (Tiens. Seraient-elles plus malignes qu'elles ne le paraissent?)

Après quoi, l'équipe anglaise apporte le breakfast.

A base de pizzas.

La réaction est presque unanime.

Beurk!

– Quoi, beurk! c'est très bon, les pizzas, crient Aldo et Luisa, défendant la cause sacrée de la cuisine italienne.

– Pas au petit déjeuner et bien cuites, réplique Robert.

George et Allen manquent en perdre leur flegme britannique. *By God!* Si les pizzas ont le dessus brûlé et le dessous pas dégelé, ce n'est pas leur faute. Mais celle de ce putain de fourneau maranéen qui est un vrai tocard, n'en déplaise à Allah.

– Il n'y a blus de bain et ceux qui ne veulent bas de bizzas au betit déjeuner sont des enfants gâtés, dit sévèrement Frau Hannah.

Chacun finit de mâchouiller tristement et en silence son chaud-froid de pizza.

L'exploration des bungalows par la Commission de la Fouille permit de découvrir que :

– Robert et Odette avaient razzié tous les plateaux de déjeuner de leur Boeing : couverts plastique, minuscules pots de confiture d'abricot gélatineuse, portions de crème de gruyère ramollie par la chaleur, tranches de cake desséché dans leur emballage transparent, petites bouteilles de Marie Brizard, etc. Stock destiné à leurs enfants au retour, expliquèrent-ils. C'était la raison pour laquelle ils n'avaient pas jugé bon de le remettre à Frau Hannah.

– Le signore Aldo avait, lui, dévalisé la boutique « hors taxes » de l'aéroport en cigarettes américaines. Il avait de quoi ouvrir une boutique avec taxes.

– Le Herr Professor avait conservé ses propres médicaments. Il avait l'estomac fragile, avoua-t-il. Et Frau Hannah avait piqué un nombre incroyable de bonnets de douche en plastique, de savonnettes et même de serviettes de bain dans trois hôtels internationaux. Qui l'eût cru ?

– Les Suédoises planquaient désormais leurs pilules derrière la chasse d'eau en compagnie de quelques joints de hasch.

– Wolfgang planquait, lui, son hasch dans ses baskets.

– Le colonel Ivan Ivanovitch n'avait révélé à personne qu'il possédait une lampe électrique. Pire. Il refusa de s'en séparer au profit de la communauté, sous prétexte qu'un colonel soviétique ne se sépare jamais de sa lampe électrique.

– Salvatore, l'angelot napolitain, était à la tête de la première collection mondiale de préservatifs. Il y en avait de tous les pays et d'extrêmement pittoresques, assura Sylvie un peu plus tard, assise avec Peter et vous devant l'infirmerie.

Mais du paquet de sucre et des cinq bananes, aucune trace nulle part.

Peut-être le voleur avait-il enterré son larcin. Et la nuit, au clair de lune, irait-il croquer solitairement un morceau de sucre.

Sylvie a l'œil brillant de quelqu'un qui a fait une bonne blague. Vous n'osez vous interroger sur le nouveau méfait de votre musaraigne de choc. Vous notez cependant qu'elle contemple avec ironie le beau Giorgio, à quelques mètres de vous, en train d'étaler amoureusement de l'huile solaire sur la peau toujours un peu rosée de coups de soleil de Miss Suède nº 1. Salvatore en fait autant pour Miss Suède nº 2. Tableau idyllique. Soudain, une expression gênée apparaît sur les quatre visages. Exclamations. Les déesses scandinaves et les angelots napolitains reniflent avec horreur en regardant autour d'eux.

Que se passe-t-il?

– Cherche pas, pouffe Sylvie, j'ai versé de la sauce vietnamienne dans leur bouteille d'huile solaire. Les punaises du Nord vont sentir le poisson pourri pendant deux jours.

Elle court se plonger dans le lagon en hurlant de rire.

– Votre amie est plus diabolique que le mouche africaine, remarque Peter, amusé. Est-ce que toutes les femmes françaises lui ressemblent?

Hélas, non. Vous, par exemple, vous n'oseriez jamais remplir d'encre violette les flacons de lait parfumant pour le corps de l'Autre. Ni lui scier ses talons pointus afin qu'elle se casse la gueule en sortant de chez elle. Ni remplir ses abominables petits haltères de dynamite pour qu'elle saute avec. Non. Vous, vous êtes une stupide brave pomme. Mais vous ne demandez qu'à changer.

A midi, l'équipe napolitaine présente son menu. Spaghetti sans beurre ni parmesan. Mais au ketchup. Plus un poisson grillé par personne. De ceux goûtés par Sylvie la veille. (Elle est vivante et bien vivante.)

– Ils ont une drôle d'odeur, ces poissons, remarque Robert.

– C'est vrai que ça pue! s'exclame Odette.

Les Suédoises, pourtant assises au bout de la table, baissent la tête.

– C'est plutôt un goût curieux, affirme Aldo.

Tout le monde en convient. Mais, ainsi que le proclame Odette, du poisson exotique, ça ne peut pas avoir le même goût que la sole normande.

– On dirait un fumet de vernis à ongles, remarquez-vous.

On regarde l'équipe napolitaine. Qui avoue. Il n'y avait plus de bois ni même de branches de palmier ou de broussailles sèches dans toute l'île. Alors, pour chauffer le fourneau, il a fallu employer les grands moyens.

Brûler les fauteuils en rotin verni d'un bungalow vide.

A la guerre comme à la guerre. On ne va pas manger crus les spaghetti et le poisson déjà rationné. Ceux qui n'apprécient pas le poisson grillé au bambou verni n'ont qu'à se rattraper sur les pêches au sirop.

Pour remonter le moral des Robinsons, Frau Hannah, de corvée de cuisine pour le soir, annonce le menu du dîner : choucroute et pêches au sirop californiennes.

Allons bon! De la choucroute maintenant. Quelle horreur, par cette chaleur! Et puis les pêches au sirop, à tous les repas? Il y a de quoi vous dégoûter des pêches, du sirop, de la Californie.

Mais Frau Hannah a l'habitude de mater les mauvaises têtes.

– Ceux qui ne mangeront bas de la joukroute ou de bêches au sirop seront de corvée de baisselle, prévient-elle.

C'est à 18 h 07 que l'eau de votre douche s'arrête.

Au moment où, naturellement, vous êtes dessous,

le corps couvert de savon et les cheveux pleins de shampooing. Vous tournez frénétiquement les robinets en tous sens. Plus une goutte d'eau ne s'écoule ni de la douche ni du lavabo. Vous pestez.

D'autres jurons s'élevant de tous les bungalows vous apprennent que vous n'êtes pas la seule à vivre ce drame.

Vous vous enroulez dans une serviette de bain et vous sortez.

Vos compagnons aussi. Tous dégoulinants de savon et de shampooing.

La tragique vérité apparaît : plus d'eau.

Une cohorte hurlante se précipite vers la Direction où règnent Frau Hannah et le Herr Professor. Quel est l'imbécile qui a coupé l'eau pendant l'heure autorisée de la douche? Celui qui a piqué le sucre et les bananes? Y aurait-il un démon malfaisant dans l'île de Khadji-Furu? Vous regardez Sylvie. Elle vous fait signe que ce n'est pas elle. Elle ne s'attaque qu'aux Suédoises.

Tandis que le Herr Professor court enquêter, vous allez vous rincer dans le lagon. Imitée par les autres Robinsons. Vous constatez que l'eau de mer ne rince ni le savon ni surtout le shampooing (vos cheveux restent tout poisseux). Et que, d'autre part, des taches huileuses apparaissent à la surface du lagon. Demain, vous prendrez votre bain dans de l'eau de mer savonneuse. Sans compter la surprise des poissons du corail. Pourvu que vous ne les retrouviez pas, le ventre en l'air, empoisonnés par Lux ou Cadum.

Le Herr Professor réapparaît sur la plage. Affolé.

– Le groupe électrogène a sauté.

Grosse Katastrophe.

Tous les Robinsons comprennent immédiatement l'ampleur du désastre. Plus d'eau pour se laver.

Plus d'eau pour boire (arrêt du filtre) ou pour faire la cuisine et la vaisselle.

Plus de lumière.

Plus d'électricité pour le réfrigérateur et le congélateur. La nourriture va pourrir.

Bref, l'île de Khadji-Furu risque de se transformer à brève échéance en Radeau de la Méduse.

– Cette fois, on est foutus, constate Robert, assis dans la mer, le visage couvert de mousse à raser.

– Mes amis, déclame le signore Aldo, le visage également couvert de mousse à raser, sachons donner au monde une leçon de dignité et préparons-nous à mourir dignement.

Luisa et Odette éclatent en sanglots. Leurs larmes se mêlent au shampooing dégoulinant sur leurs joues. Chacun se met à se lamenter dans sa langue natale. C'est Babel. Seules les Suédoises ouvrent de grands yeux.

– Regarde-moi ces débiles, toujours en retard d'un métro, grommelle Sylvie que la perspective de mourir de faim et de soif n'empêche pas de crever d'abord de jalousie. D'autant plus que Giorgio entoure Suède n° 1 d'un bras protecteur zébré de traces de savon.

Herr Professor lève les bras comme Moïse au mont Sinaï.

– Nous allons tager de rébarer le groube électrogène, crie-t-il. Il faut nommer une Commission de Rébaration.

– C'est complètement con, observe Sylvie. Ce n'est pas une commission qu'il nous faut, c'est un mécanicien.

Le groupe des Français approuve. Avec cet esprit impitoyablement logique qui caractérise les héritiers de Descartes.

Mais y a-t-il un mécanicien dans l'île? Capable de réparer un groupe électrogène maranéen? Si celui-ci se révèle aussi cabochard que le fourneau, cela ne va pas être de la tarte.

Il apparaît alors que les mécaniciens passent plus facilement leurs vacances au camping de La Grande Motte qu'aux îles Maranas. Les Prisonniers du Lagon ne sont qu'une bande de sales bourgeois, Russes y compris, ne sachant rien faire de leurs mains, même pas réparer un moteur électrogène. Du reste, Wolfgang le remarque bien haut :

– Mao n'avait pas tort objectivement quand il envoyait les intellectuels et les petits-bourgeois se recycler dans les travaux manuels.

Une explosion de colère générale accueille cette observation. On fait remarquer audit Wolfgang qu'il retarde complètement avec son Mao. Même les Chinois ne veulent plus en entendre parler. Et l'heure n'est pas à la critique gauchiste et démoralisante. Le jeune Wolfgang est donc prié de fermer sa gueule d'écolo-anarcho-miro. Sinon, il se retrouvera pendu, vite fait, en haut d'un cocotier. En compagnie du voleur de bananes, quand on l'aura attrapé.

L'atmosphère est à l'orage. Le jeune Wolfgang se tait prudemment. Le Herr Professor (en tant que Président du Camp), Robert (en tant que vendeur d'électroménager, il lui est arrivé de réparer deux ou trois machines à laver) et Peter (en tant que Peter) se dirigent vers le bâtiment où se trouvent le groupe électrogène, les pompes, le filtre, etc. Bref, le cœur de la civilisation moderne aux Maranas.

A la cuisine, Frau Hannah décide de faire cuire toute la choucroute. Elle se conservera mieux cuite que fraîche. Pour cela, il faut utiliser tous les ustensiles disponibles et faire ronfler le fourneau. S'agitant comme une sorcière au milieu de ses chaudrons, elle réclame une montagne de bois. Que chacun s'y mette et aille déchiqueter le mobilier des

170

bungalows vides. Curieusement, cet acte de déprédation met tout le monde de bonne humeur. C'est à qui déboulonnera un lit, cassera un fauteuil, démantibulera une armoire. Giorgio et Salvatore, promus bûcherons stakhanovistes, débitent à toute allure, au hachoir à viande, les meubles de l'hôtel de Khadji-Furu qui s'entassent devant la porte de la cuisine, en un gigantesque bûcher.

– Qu'est-ce qu'ils font? demande avec étonnement Peter, venu chercher un couteau.

Vous le lui expliquez.

– D'ici qu'une de ces maladroits se coupe la pied, s'exclame-t-il avec gourmandise.

– Qu'est-ce qu'on pourrait faire?

– Rien, sinon le saouler, répond Peter avec enthousiasme, et nous saouler aussi pour ne pas entendre son plainte.

Et il retourne à son groupe électrogène maudit tandis qu'une puissante odeur de choucroute s'élève dans l'île, allant même jusqu'à titiller les narines des sentinelles qui s'agitent nerveusement dans leur barque. A votre avis, l'odeur de la choucroute leur est inconnue.

Quand éclate le jodle tyrolien du dîner, le groupe électrogène est toujours en panne. Les trois mécaniciens reviennent. Les batteries sont à plat, disent-ils. Vous dînez dans la lueur du jour qui tombe. Vous devez avouer que la choucroute de Frau Hannah est délicieuse. Vous n'auriez jamais supposé qu'un jour vous seriez contente de manger une choucroute, sous des cocotiers, par une chaleur encore écrasante. La faim est le meilleur des cuisiniers, dit le proverbe allemand. Le proverbe juif dit la même chose.

D'autre part, l'eau est désormais rationnée. Il faut descendre la chercher au fond de la citerne avec un seau puis la faire bouillir et rebouillir. (Il ne reste que dix-neuf bouteilles d'eau minérale que Peter a réservées pour l'infirmerie.) Elle n'en conserve pas moins un goût saumâtre et tiède. Plus de glaçons, utilisés en priorité à la conservation des pizzas. Personne n'ose songer à ce qui arrivera quand les pizzas dégèleront en un immense stock de pâte gluante...

— La mort par la soif, c'est la pire de toutes, remarque lugubrement le signore Aldo.

— Carissimo, tais-toi, murmure Luisa en se signant.

— On ne va pas mourir de soif, entourés de toute cette eau, dit Sylvie, en montrant la mer qui entoure l'île à l'infini. Ce serait trop con.

— Arrêtez de dire tout le temps le mot « con », vous êtes vulgaire, jappe Odette aigrement.

— Oh! vous, la pimbêche bretonne, fermez votre gueule! répond aimablement Sylvie.

Il est clair que les nerfs de tous commencent à craquer. Vous intervenez. Vous faites remarquer que la France ne doit pas donner l'exemple de la bisbille gauloise. Vous entendez le signore Aldo faire une recommandation identique au clan italien. Que chacun se tienne bien, nom de Dieu! Ou les Robinsons risquent de s'entr'égorger rapidement.

La conversation redevient plus aimable. Demain, il faudra cuire toute la nourriture, faire bouillir et rebouillir l'eau, laver la vaisselle dans la mer, etc.

En attendant, la nuit tombe brutalement avec cette habitude traître qu'elle a, aux Tropiques. Frau Hannah distribue à chaque Robinson une bougie, une boîte d'allumettes et deux allumettes échappées au désastre. Bien entendu, les allumettes ne sont à utiliser qu'en cas d'urgence. Pour le reste, il y a le Feu Sacré des Anglais et une belle lune montante. Quant à la lampe électrique du colonel Ivan

172

Ivanovitch, tous les efforts de Frau Hannah pour l'obtenir se heurtent à un *niet* glacé.

Vous partez vers votre bungalow à la lueur tremblotante de votre bougie. Vous butez dans des cocotiers et vous vous étalez sur des blocs de coraux disposés là par des lutins malveillants.

Une main saisit la vôtre.

— Si vous tenez mon main, vous tomberez moins, dit gentiment Peter.

Arrivé devant son bungalow, Peter pose sa bougie pour montrer le chemin de l'infirmerie aux affamés du Valium et s'installe dans sa chaise longue. Vous tirez la vôtre près de la sienne.

Peter reprend votre main.

Vous ne retirez pas votre main.

Après tout, vous avez bien le droit de vous agripper à la main chaude et rassurante d'un inconnu, sous les étoiles des Maranas. Si vous n'étiez pas des Robinsons abandonnés de Dieu, des gouvernements et des agences de voyages, vous retireriez dignement votre main, comme vous l'a recommandé votre grand-mère quand vous étiez petite.

Mais ici, vous êtes dans une situation exceptionnelle.

Et vous agissez d'une façon exceptionnelle.

Evident.

Mais cela ne signifie pas que vous êtes amoureuse.

Non.

Non ?

Non.

Bon.

Parce que vous êtes venue dans cette île perdue pour trouver la paix du cœur et du corps. Pas de complications sentimentales.

Mais bien sûr. Pourquoi tu t'énerves, ma chérie ?

Pendant que vous êtes ainsi en train de dialoguer avec vous-même, arrivent dans la nuit les bougies tremblotantes de Robert et Odette. Robert est hors de lui. Il sait qui est le voleur du paquet de sucre et des cinq bananes.

Oh?

Parfaitement.

C'est le signore Aldo.

Oh?

Le signore Aldo est un voleur, un trafiquant, un maffioso. Du reste, tous les Italiens sont des maffiosi. C'est peut-être même lui qui a cassé le groupe électrogène, dans on ne sait quel but criminel.

Comment Robert en est-il arrivé à cette conclusion?

Le Breton avoue. Ayant appris par Maranas-gazette (Sylvie est incapable de tenir sa langue) que l'industriel romain en salles de bains avait une réserve de cigarettes américaines digne de Davidoff, il était allé lui en demander un paquet. Bien que ce soit des américaines et que, précise Robert, il fume et boive exclusivement français.

– Mais, quand Robert n'a plus de cigarettes, il devient extrêmement nerveux, précise Odette. Pourtant, le docteur lui a interdit de...

– Il n'y a pas que la santé qui compte, s'exclame Robert. Moi, je veux boire la vie à plein goudron, ah! ah!

Bref, le signore Aldo avait accepté de lui vendre un paquet au prix exorbitant de 10 (dix) dollars.

Robert avait essayé de discuter. Dix dollars! le prix d'une cartouche!

– Vous n'êtes pas obligé d'acheter, avait remarqué froidement le noble Romain.

Et Robert avait cédé.

Le marché noir venait de faire son apparition à Khadji-Furu.

– Tu es fou, soupire Odette, tu te rends compte combien ça fait au cours du dollar! Quand nous sommes partis de France, il était à six francs et quelques.

Robert baisse la tête. Peter et vous, vous tentez de le consoler. Coupés du monde comme vous l'êtes, comment savoir si Wall Street et le dollar américain ne se sont pas écroulés? Peut-être même une catastrophe atomique a-t-elle eu lieu, laissant les Robinsons des Maranas seuls survivants de la Terre. Auquel cas, la monnaie-étalon serait à nouveau le coquillage et non plus le dollar américain.

Robert en convient. Ce qui n'empêche pas le signore Aldo, tout fabricant de salles de bains romain et beau parleur qu'il est, d'être un pâle escroc et une ordure. Un fasciste.

Aussi, quand, une heure plus tard, le signore Aldo viendra demander à Peter s'il peut être exempté – pour des raisons médicales, ses fesses le font toujours souffrir – de corvée de vaisselle, Peter refuse froidement. Le signore Aldo soupire, prend son Valium et s'en va.

Bientôt, tous les Prisonniers du Lagon ont réintégré leurs bungalows et éteint leur bougie. Seuls brillent la lune et le Feu Sacré des Anglais. Ce soir, c'est George qui est de garde. Les braises rougeoyantes éclairent ses moustaches pensives. Quelques exclamations. Les ventilateurs ne marchent pas non plus, évidemment. Vous entendez certains Robinsons tirer leur lit sur leur terrasse.

La lune descend vers l'horizon. Vous vous retrouvez dans le noir et dans le silence. Sauf quelques frémissements dans les cocotiers. Le chuintement de la mer sur la plage. Le grouillement des crabes sur le sable, sortis de leurs trous avec la nuit. Tiens, cela ferait une bonne soupe! Pourquoi ne pas organiser une chasse aux crabes avec la lampe électrique chipée au colonel Ivan Ivanovitch, après avoir endormi ce dernier au Valium?

Ce projet enchante Peter. Mais il est d'avis qu'il faut endormir tout le bloc soviétique pour se procurer la lampe électrique. Etant donné le gabarit des trois Russes, il doute d'avoir assez de comprimés. Peut-être pourrait-on essayer en même temps de leur faire fumer le hasch suédois et boire le cognac de l'infirmerie? Peter craint que le mélange ne soit explosif. Ni Dieu ni Marx ne pourraient prévoir alors la réaction soviétique.

Vous abandonnez vos noirs desseins. Mais vous restez assise, là, à bavarder. Main dans la main avec Peter.

Et vous vous retrouvez en train de lui raconter votre vie. Phénomène connu. Dans les aéroports, dans les trains, sur les plages, des inconnus racontent à d'autres inconnus les secrets les plus cachés de leur vie. Assurés de ne jamais revoir leur interlocuteur. La confession revient, en fin de compte, moins cher que chez beaucoup de psy de votre connaissance. Quant aux curés, nul ne sait plus où les trouver. (Il paraît qu'il y en a un à la C.G.T.)

Vous savez bien que, cette aventure inouïe terminée, vous ne reverrez jamais plus Peter. Il rentrera à Boston. Vous à Paris. Alors, vous parlez. De vous. De l'Homme. De l'Autre. De Prunelle. De votre travail. Vous déballez tout.

Peter écoute en silence. S'il n'y avait pas la pression de sa main de temps à autre, vous pourriez croire que vous parlez aux étoiles. Exquis.

C'est au tour de Peter de chuchoter. De son ex-femme. De ses deux boys. De sa sale petite mouche qui pique les malheureux chameaux, la nuit. Et de sa cousine qui dépose ses œufs exclusivement dans la trompe des éléphants. Et puis aussi du parasite ignoble qui donne le tournis aux truites innocentes *(Myxobolus Cerebrali).*

Vous écoutez avec passion.

Tout à coup, des cris aigus de terreur déchirent la nuit.

Une femme qu'on viole ou qu'on étrangle! Peut-être les deux!

– Je crois que cela vient de la cuisine, dit Peter.

Vous vous élancez dans cette direction. Vous vous heurtez au passage dans George qui a allumé sa bougie. D'autres Robinsons sortent, affolés, de leurs bungalows. Qui assassine Qui? Non seulement il y a un voleur mais il y a un assassin à Khadji-Furu.

– Hannah! C'est ma femme! Hannah! crie le Herr Professor qui se précipite comme un fou, suivi des Prisonniers du Lagon réveillés.

Un étrange spectacle vous attend à la réserve aux vivres.

Debout sur un lit, en chemise de nuit, Frau Hannah hurle comme une hystérique.

On la rassure, on la cajole, on la gifle. Elle finit par se calmer.

Explique.

Touchée dans son honneur de maîtresse de maison bavaroise, Frau Hannah avait décidé de monter la garde dans ses stocks et d'attraper son voleur. Elle avait donc tiré son lit dans la réserve pour dormir au milieu des paquets de spaghetti, des boîtes de pêches californiennes, du baril de café, etc.

Un bruit l'a réveillée.

Et elle a vu.

Un fantôme.

Un *Quoi?*

Un fantôme. Avec une longue robe blanche qui flottait dans l'air. Sans mains. Sans pieds. Sans tête.

Elle a senti sa présence, le froissement de sa robe, le souffle glacé de son passage.

Du reste, le fantôme a pris les trois bananes qui restaient et un deuxième paquet de sucre.

Allons bon. L'île de Khadji-Furu est hantée.

Jusqu'ici, vous aviez cru que les fantômes étaient d'origine écossaise ou irlandaise. Vous découvrez qu'il y en a de maranéens.

– J'ai peur, piaule Odette, j'ai peur des fantômes.

– Ferme ton clapet ou je te fous une beigne à toi aussi, lui dit aimablement son mari, en claquant des dents.

– Un fantôme ne volerait pas de nourriture, remarque Peter.

– *Right*, répond George, les fantômes écossais ne volent jamais de nourriture.

– *Sorry* de vous contredire, *dear*, remarque Allen, mais dans mon village il y a une Dame Blanche qui adore manger du haddock à minuit.

– Arrêtez avec vos histoires écossaises, chevrote le signore Aldo.

– Moi, je crois toujours que ce sont les singes, reprend Odette, têtue.

– Aucun singe convenable ne se promène en robe blanche, rétorque Allen.

Aldo fait dans le dos de Frau Hannah des gestes désordonnés signifiant clairement que la directrice du collège Wiener est raide toquée. Le Herr Professor surprend cette mimique. Son admirable femme allemande, folle? Il s'apprête à charger comme un buffle sur l'insolent quand il est coupé net dans son élan par d'autres cris suraigus qui éclatent, cette fois, du côté des bungalows. C'est sûrement le fantôme qui s'amuse à faire des diableries dans les chambres des Robinsons encore endormis. Il faut l'attraper. Tout le monde court.

Et s'arrête devant un nouveau incroyable spectacle.

Devant son bungalow, Sylvie est en train de se battre avec la camarade Natacha et la camarade Olga. Ou, plutôt, la colonelle russe et la guide-interprète essaient d'assommer Sylvie, tombée à terre, tandis que le colonel, impassible dans son pyjama, les regarde sans bouger.

– Au secours! elles sont dingues, elles vont me massacrer! hurle Sylvie.

Peter, Robert, les deux Napolitains se précipitent à son aide. Mais les deux mégères des steppes sont déchaînées.

– Salope! Morrrue! gronde la camarade Natacha en lui arrachant les cheveux et en lui tapant la tête par terre. Je vais te détrruirre.

La grosse colonelle fait preuve, elle aussi, d'une grande férocité dans ce close-combat. Elle a assis son énorme personne sur Sylvie et tente de lui crever les yeux.

A force de claques et de coups de pied, les hommes arrachent Sylvie des mains redoutables des Babas Russes. La Française se relève. Natacha, bien que maintenue par Robert et Aldo, tente de se rejeter sur elle et de lui flanquer un coup de pied dans le ventre.

– Cette femme est une débauchée, glapit la Pasionaria de la Toundra, c'est une espionne qui a prrofité d'un moment de faiblesse de notrre chef... Du rrreste, tout le monde sait sur cette île que c'est une pute!... Oui! une pute!

Vous n'auriez jamais cru que cet iceberg de Natacha, toute traductrice qu'elle était, possédait un tel vocabulaire. Et une telle fougue.

Tout s'éclaire quand vous remarquez l'air chafouin du colonel Ivan Ivanovitch.

Le traître se trouvait dans le bungalow de Sylvie,

dans le lit de Sylvie, en train de se livrer à des ébats réprouvés par l'honneur bourgeois et la morale léniniste-marxiste united, quand l'alerte au fantôme a réveillé les Prisonniers du Lagon. La colonelle et Natacha n'ont pu que constater la dissidence sexuelle de leur chef et mari.

Sylvie a fini d'essuyer ses larmes de douleur.

– En quoi ça vous regarde, K.G.B. de mon cul? demande-t-elle à Natacha.

C'est vrai.

Là-dessus, à la stupeur générale, la camarade Natacha éclate en sanglots et se jette dans les bras du colonel.

Personne n'y comprend plus rien.

Jusqu'au moment où la colonelle, poussant le cri strident d'une truie égorgée, se jette sur Natacha, l'arrache des bras du colonel et tente de l'étrangler à son tour de ses bras costauds comme deux jambons de Géorgie.

La camarade Natacha se défend farouchement. On dirait une bataille d'hippos femelles, s'injuriant en russe à toute vitesse. Vision surréaliste.

– C'est reparti, crie Robert. Moi, je parie sur la colonelle.

On arrache cette fois la sculpturale Natacha à la colonelle éléphantesque. Et le colonel en profite pour flanquer une gifle magistrale à la fois à sa femme et à sa maîtresse. Puis il les injurie à son tour, et les deux femmes rentrent en sanglotant, qui dans le bungalow conjugal, qui dans la case où son amant n'est pas venu la retrouver.

– Je suis désolé, dit alors le colonel soviétique dans un français impeccable (tiens!). Je ne voudrais pas que cette malheureuse historiette personnelle donne une mauvaise opinion de la Grande Patrie soviétique et de son Œuvre de Paix...

– Pas du tout, assure le signore Aldo, très mondain. Cela prouve simplement qu'il existe des problèmes identiques chez les communistes et chez les capitalistes. Cela peut être un gage de compréhension.

Le colonel s'incline avec un léger sourire qui vous paraît inouï dans sa figure d'habitude impassible. Et disparaît dans le bungalow conjugal où l'on entend renifler la colonelle.

– Tu aurais pu choisir quelqu'un d'autre, glissez-vous à Sylvie. On n'avait pas besoin d'un vaudeville soviétique!

– C'est mon premier Russe, répond-elle fièrement. Et, tu ne le croiras jamais, c'est une affaire!

Vous en restez pantoise. Vous n'aviez jamais imaginé un communiste en Casanova. Votre ignorance politique est immense.

Peter rentre discrètement dans son bungalow. Chacun en fait autant. Le silence revient sur l'île de Khadji-Furu, coupé seulement des sanglots lointains de la colonelle et des chuchotements de basse du colonel qui parle, parle, comme tous les maris qui ont quelque chose à se faire pardonner.

Le fantôme des Maranas a disparu dans la nuit tropicale.

20

Mercredi. Aux îles Maranas.

On attrapa le fantôme à l'aube. Caché sous un lit.

C'était une jeune femme maranéenne, enceinte visiblement d'une équipe de footballeurs locaux.

Elle était si menue que son ventre semblait plus gros qu'elle.

Le Herr Professor l'amena triomphalement dans la salle à manger, pour le petit déjeuner. Qui était-elle? Mystère. Elle roulait de grands yeux bruns apeurés et ne parlait aucune langue connue – même de la camarade Natacha. Mais celle-ci, ce matin, le visage gonflé par les larmes, semblait même incapable de traduire le moindre *niet*.

Les Prisonniers du Lagon regardèrent la Maranéenne avec perplexité.

– Qu'est-ce qu'on va en faire? demande Odette.

– La manger, répond facétieusement Robert, en mâchonnant (beurk!) sa pizza du breakfast.

Ce matin, c'est le dessous qui est brûlé et le dessus mal dégelé, malgré l'arrêt du congélateur. Même Cheetah et Bingo n'en ont pas voulu. La Maranéenne considère la sienne avec inquiétude.

– Imbécile, dit Odette. Je voulais dire: si elle accouche.

Une discussion gynécologique éclate entre les femmes Robinsons. L'équipe de football est-elle « haut » ou « bas »? S'apprête-t-elle à sortir rapidement dans une mêlée confuse? Toutes les mères de famille présentes ont accouché dans de bonnes cliniques, entourées de docteurs, d'infirmières et de soins prévenants. Elles frissonnent à l'idée de se transformer en sages-femmes près du Feu Sacré. (Quelles vacances!)

– On n'a même pas de docteur ivrogne, regrette Robert. Vous savez, comme dans ce film avec John Wayne...

Peter reconnaît qu'il n'est ni docteur, ni ivrogne, ni John Wayne et n'a donc aucune capacité à accoucher une jeune femme maranéenne d'une équipe de footballeurs.

Aldo se lève de son tabouret. Ses fesses douloureuses et son trafic de cigarettes ne l'empêchent pas de s'exprimer avec une noble éloquence :

– Cette femme doit accoucher parmi les siens. Dans son village. Dans sa famille. Je propose qu'on la ramène aux sentinelles.

Tout le monde se met à parler à la fois. Sauf les Russes repliés dans un mutisme farouche. Oui, oui, ramenons-la à ses frères maranéens. Qui sait, l'un d'entre eux parle peut-être quelques mots d'anglais. On pourrait essayer de créer des liens d'amitié. Echanger un peu de choucroute contre du poisson. (Les Prisonniers du Lagon ont remarqué avec envie que leurs geôliers n'arrêtaient pas de pêcher. Avec succès, eux.) Mais n'y a-t-il pas danger que les gardes se méprennent sur les intentions pacifiques des Robinsons? Et tirent?

Un vote s'impose.

Qui est pour l'expédition « Retour de la Future Mère à son Peuple »? Toutes les mains se lèvent. Sauf celles des Russes, qui s'abstiennent. Impossible de savoir si ce sont les incidents de la nuit passée qui les ont rendus muets ou s'ils ne désirent pas s'immiscer dans les affaires intérieures maranéennes.

Et, maintenant, qui va monter dans la barque et ramer jusqu'aux sentinelles révolutionnaires?

Là, un net flottement se fait sentir dans l'Assemblée des Prisonniers du Lagon. Les volontaires tardent carrément à se démasquer. Peter lève la main. L'Assemblée est contre. Si quelqu'un est blessé, ce ne doit pas être le médecin.

– Mais je ne suis pas médecin, proteste Peter.

– On fait comme si, remarque Robert. C'est rassurant. Moi, je suis d'accord pour y aller.

– C'est ça! crie Odette, Monsieur veut faire le courageux. Et si ces sauvages te tuent? Pense à moi et à nos enfants!

Elle éclate en sanglots. Mais Robert tient bon.

Puis George lève la main.

– Oh! *dear*, dit Allen, sarcastique, vous avez déjà eu la Victoria Cross, il y a très longtemps.

– Allen, je me demande si vous ne devenez pas stupide en vieillissant, répond George.

Allen lève la main à son tour. Puis, à la surprise générale, Wolfgang.

– Mais il est miro complètement, remarque Sylvie.

Wolfgang demande ce que veut dire « miro ». On lui explique le plus gentiment possible. Mais Wolfgang insiste. Etre miro ne l'empêchera pas de tenir un grand drapeau de la Croix-Rouge qui fera le meilleur effet sur les révolutionnaires maranéens.

Le Herr Professor se propose à son tour. Les Anglais – qui rament – refusent. Trop lourd. Déjà, avec tout ce monde à bord, la barque ressemble à un bateau-mouche, un 14 Juillet.

La préparation de l'expédition « Retour de la Future Mère à son Peuple » agite les Robinsons. On court chercher une taie d'oreiller en guise de drapeau. Sylvie confisque les rouges à lèvres des Suédoises (« elles n'en ont pas besoin, ces salopes ») pour tracer une grande croix rouge. Frau Hannah prépare un seau de cinq kilos de choucroute. On embrasse les volontaires.

L'expédition est prête.

George et Allen s'installent aux rames, vous confiant le soin de veiller momentanément sur le Feu Sacré. Wolfgang monte à bord, brandissant la taie d'oreiller barrée du rouge à lèvres suédois. Son attitude révèle l'aisance du porteur de pancartes pacifistes. Robert s'assied à l'arrière avec le seau de choucroute.

C'est alors que la Maranéenne refuse éperdument

de grimper dans la barque. Elle se débat, pousse des petits cris, se met à pleurer.

– Celle-là, elle ne va pas nous emmerder, par-dessus le marché! s'exclame Robert, indigné.

– Voyons, mon enfant, prêche le signore Aldo, comprenez que c'est pour votre bien. Vos frères de race vont vous prendre en charge.

– Oui, oui, vos frères de race, là-bas, crient les Robinsons en faisant de grands gestes en direction du large.

Mais la jeune Maranéenne ne désire visiblement pas être prise en charge par ses frères de race. Elle fait non, non, de la tête et s'agrippe à la table du petit déjeuner.

Puis, soudain, sans explications, comme avec fatalisme, elle lâche la nappe et se dirige vers la barque où elle s'accroupit à l'avant.

– Allez, on y va! crie Robert, magnifique en capitaine breton.

Peter et le Herr Professor détachent l'embarcation du ponton. Les Anglais se mettent à ramer. Il y a des cas où Cambridge est irremplaçable. Les autres Prisonniers du Lagon, rassemblés sur le ponton, regardent avec angoisse et fierté s'éloigner la courageuse expédition.

Les deux sentinelles pêchent tranquillement.

Quand la barque se rapproche, ils lèvent les yeux et regardent avec surprise l'étrange commando.

C'est alors que Wolfgang, entraîné par l'habitude, a la malencontreuse idée d'entonner *L'Internationale* à pleins poumons.

Il est clair que les révolutionnaires maranéens n'ont jamais entendu *L'Internationale*, ce qui est une lacune grave dans leur éducation politique. Interloqués, ils lâchent leurs cannes à pêche et sautent sur leurs fusils.

– Ta gueule, petit con! crie rudement Robert à

Wolfgang. Tu vois bien que tu leur fais peur avec ta chansonnette à la noix...

– *L'Internationale*, une chansonnette à la noix? répond Wolfgang, horrifié... Vous n'êtes qu'un sale petit impérialiste merdique...

Et il se lève brusquement en agitant fièrement sa taie d'oreiller barrée de la Croix-Rouge internationale.

Hélas, les Maranéens semblent ignorer autant la Croix-Rouge que *L'Internationale*. Un certain énervement les gagne. Ils font des gestes qui, dans tous les pays du monde (même ceux qui ne connaissent ni la Croix-Rouge ni *L'Internationale*), signifient : « Foutez le camp et rapidos! »

Robert fait alors lever la Maranéenne et désigne, d'un index explicatif, le ventre de la jeune femme aux sentinelles.

Qui ont l'air surpris, mais pas vraiment ému.

– Ils ne comprennent rien à rien, grogne Robert. Des débiles mentaux, ces mecs...

C'est alors que l'incident éclate.

La Future Mère, debout à la proue du canot, explose en paroles véhémentes à l'usage de ses compatriotes. Le vent porte sa voix furieuse jusqu'au ponton.

– Oh! la la! mais elle les insulte! s'exclame Sylvie.

– Ça y est! Ils ne sont pas de la même tribu, gémit Odette.

– Ou alors, pas d'accord politiquement.

Quelle hypothèse est la bonne? Seul, Allah le sait. Ce qui est sûr, c'est que les gardes répondent à la jeune femme par des propos non moins furieux. L'engueulade est sévère. Le ton monte. Les Maranéens se tendent mutuellement le poing (tiens, ça, ils connaissent).

– Mais elle est folle ou quoi? hurle Robert dans le

186

canot. Elle va nous faire tuer... Non! non!... Nous amis!... *We, friends*...

Et, dans un louable souci d'adoucir l'ire des sentinelles, il se lève et tend le seau de choucroute dans leur direction.

– Good choucroute, crie-t-il dans son égarement.

Mais les Maranéens ne connaissent visiblement pas plus la choucroute que *L'Internationale* ou la Croix-Rouge. (Et, pourtant, ils votent à l'O.N.U. Insensé!) Ils lèvent leurs fusils en direction du commando « Retour de la Future Mère à son Peuple ».

– Rentrons! hurle Robert. Ils vont nous tirer dessus!

– *Red Cross, Red Cross!* clame Wolfgang.

Vous avez honte de le révéler, mais la panique éclate à bord de la barque des Robinsons. Les Anglais essaient de virer de bord en beuglant : « Asseyez-vous, bande de tarés » aux trois autres debout. Wolfgang continue d'agiter sa taie d'oreiller. Robert, qui tient toujours le seau de choucroute à bout de bras, perd brusquement l'équilibre et tombe à l'eau, entraînant Wolfgang et la jeune Maranéenne.

Le commando « Retour de la Future Mère à son Peuple » se retrouve tout entier à la mer, y compris les rameurs de Cambridge qui jurent comme des charretiers irlandais.

Les Prisonniers du Lagon hurlent sur le ponton.

– A l'abri! Mettez-vous à l'abri derrière la barque! commande le Herr Professor de sa voix de général de la Wehrmacht.

– Ramenez-la! Ramenez-la! crie le signore Aldo, sans qu'on sache s'il s'agit de la barque ou de la Future Mère.

Odette veut se jeter à l'eau pour aller sauver son

mari. On la retient. Elle ne sait pas nager. En revanche, Peter et vous plongez pour vous porter au secours des naufragés.

Ceux-ci soufflant et crachant, se sont regroupés autour du canot, sous les yeux de plus en plus déconcertés des sentinelles révolutionnaires, qui regardent la scène d'un air hébété.

Vous rejoignez vos compagnons. Et tout le monde, qui poussant la barque vide, qui soutenant la Future Mère et ses footballeurs, qui barbotant de son mieux (Wolfgang n'a pas lâché son drapeau qu'il brandit toujours au-dessus de sa tête), revient lentement vers le refuge du rivage. Les Anglais se font des reproches. Vous auriez pu m'aider, George. Vous ne me l'avez pas demandé, Allen.

Les naufragés sont accueillis au ponton par des cris de bonheur. On vous félicite d'avoir échappé aux balles révolutionnaires. On vous étreint. On vous embrasse.

Seule Frau Hannah ne participe pas à l'enthousiasme général.

– On a berdu un seau de joukroute, remarque-t-elle, soucieuse.

21

Mercredi. Aux îles Maranas.

Les naufragés du commando « Retour de la Future Mère à son Peuple » remis de leurs émotions, l'organisation allemande du Camp décide de s'attaquer à la construction de douches et de toilettes. Le manque d'eau pose, en effet, un problème délicat.

Frau Hannah divise l'île en secteurs.

Secteur sud, réservé à la baignade.

Secteur nord, juste derrière la cuisine, à la vaisselle.

Secteur est, à la toilette, subdivisé en secteur est A pour les hommes et secteur est B pour les femmes.

Mais c'est dans la construction de W.-C. publics, dans le secteur ouest, que le génie bavarois éclate.

Frau Hannah fait transporter par les robustes Giorgio et Salvatore deux armoires des bungalows 7 et 9 – non encore dévorés par le fourneau Moloch –, qui font office de murs latéraux. Entre elles, ils creusent un trou dans le sable (avec les deux casseroles, la présence d'aucune pelle n'ayant été signalée dans l'île). Devant les armoires, l'industrieuse Bavaroise tend un rideau. Le quatrième côté est constitué par le grand large.

Tous les Robinsons se rassemblent pour admirer le somptueux édicule. On acclame la directrice du collège Wiener, qui en rosit de bonheur.

Puis chacun retourne à ses occupations. Lessive géante-à l'eau de mer-pour Odette-dont le linge sèche entre les cocotiers. Discussion entre les Anglais et Wolfgang autour du Feu Sacré. Vous êtes, vous, à votre poste à l'infirmerie avec Peter et Sylvie. Suède n° 2 arrive, haletante :

– *Komm, komm!*

L'équipe s'élance au pas de course.

Pour découvrir Salvatore agrippé comme un singe en haut du tronc d'un cocotier qui se balance à lui donner le mal de mer.

– Au secours! Au secours! crie le malheureux.

Mais que fait-il là-haut où même Cheetah et Bingo ne se risquent pas? Salvatore sanglote qu'il a simplement voulu cueillir des noix de coco pour améliorer l'ordinaire. Vous n'en croyez pas un mot. Les jumelles qui pendent à son cou le trahissent. L'hypocrite voulait observer les dames à leur bain. Malheureusement, arrivé au sommet de son coco- tier, le voyeur napolitain s'est senti pris de vertige et n'ose ni continuer à monter ni redescendre.

Peter suggère d'entasser des matelas autour du cocotier. L'Italien n'aura qu'à se laisser tomber. (Ça y est! le jambe cassé sur mon bras!)

– Voile à l'horizon, dit alors Salvatore d'une voix faible, du haut de son cocotier.

Une voile à l'horizon?

Est-ce le retour du capitaine M' Bata, à la tête de la Flotte révolutionnaire? La Marine maranéenne à la voile?

Non.

Un véliplanchiste solitaire a franchi la barrière de corail. Et navigue à présent dans le lagon, du côté opposé aux sentinelles.

Les Robinsons se rassemblent immédiatement sur la plage section ouest pour accueillir l'extra- terrestre. Abandonnant Salvatore à son cocotier, malgré ses supplications.

Bientôt, la silhouette du mystérieux Vendredi, amené par le vent, grandit. L'excitation est à son comble chez tous.

Sauf chez Frau Hannah.

– Encore une bouche à nourrir, remarque-t-elle aigrement. Avec la Future Mère maranéenne, cela fait deux aujourd'hui.

– On ne peut quand même pas les noyer, dit Sylvie avec indignation.

– On va bientôt être obligés de tirer à la courte paille qui, qui, sera mangé, chantonne Robert.

– Vous êtes un monstre de parler comme ça, s'écrie la signora Luisa.

– Moi, je trouve qu'un bon pied humain, pané,

améliorerait la choucroute, remarque Robert, hilare.

La silhouette du véliplanchiste se précise.

Stupeur.

C'est un Japonais.

Les exclamations fusent dans les rangs des Robinsons de Khadji-Furu.

– *By God!* s'exclame George, avec horreur. Un Jap!

– J'espère qu'on l'a prévenu que la guerre du Pacifique est finie, remarque Allen.

– Ça nous manquait, tiens, un Japonais, commente Robert. Je vous parie qu'il a un appareil-photo dans son slip. Et comment ça se fait qu'il soit tout seul? Le Japonais, c'est toujours en bande...

Tout le monde en convient. Sauf vous qui révélez en avoir déjà rencontré un exemplaire isolé et ronfleur dans l'avion. Peut-être était-il isolé parce que ronfleur, hasarde Peter. Vous n'y aviez pas songé. Quoi qu'il en soit, la présence d'un véliplanchiste nippon dans le lagon de Khadji-Furu est étrange. S'agit-il d'un touriste échappé d'un de ces grands troupeaux envoyés à travers le monde par l'Empire du Soleil levant? Ou arrive-t-il droit du Japon, égaré d'une régate? Ou vient-il vendre des Hondas (les Japonais ne reculent devant aucune méthode commerciale dynamique)?

De toute façon, l'honorable représentant de l'Empire du Soleil levant est un champion. Maniant sa voile avec habileté, il débarque sur la plage. Juste devant les W.-C. qu'il considère avec surprise. Visiblement, le fait de trouver des armoires sur une plage n'est pas courant au Japon.

Puis il fait une série de courbettes à la ronde.

Tous les Prisonniers du Lagon répondent par une série de courbettes identiques.

– C'est la façon japonaise de dire bonjour, explique Odette qui connaît la civilisation nippone grâce à un charter Paris-Hong Kong-Tôkyô et retour/10 jours.

Le Japonais se lance dans un discours véhément. En japonais.

– Hé, hé, dit Robert, nous, on cause français, ici. Et breton.

Le Japonais ne parle malheureusement ni la langue de Montaigne et San Antonio, ni le breton. Mais se débrouille un peu en anglais.

Il s'appelle Hoshi-Hoshi. Arrive de l'île d'en face où les révolutionnaires ont emmené non seulement le personnel mais les touristes. Seul Hoshi-Hoshi, qui faisait de la planche a voile, a réussi à échapper à la déportation. Au bout de deux jours et demi de solitude, il a décidé de rallier une autre île et d'autres Robinsons. Non. Il n'a pas apporté de vivres avec lui. Juste un peu d'eau et de riz cuit.

Au silence qui suit cette déclaration, Hoshi-Hoshi comprend qu'il a fait une erreur et risque de finir en daube.

Il fouille alors précipitamment dans un petit sac accroché à sa planche et en sort, non pas un appareil-photo comme l'avait prédit Robert, mais une radio-transistor.

Hourra! Peut-être va-t-on pouvoir capter des nouvelles des îles Maranas? de l'Europe? du Monde?

Hoshi-Hoshi, avec une courbette, tend la radio à Peter qui la prend, avec une courbette.

– Ho! les copains, on va pas passer nos journées à faire des singeries, s'exclame Robert.

– Cela vous ferait pourtant du bien à vous, un peu de politesse et de raffinement asiatique, rétorque Sylvie.

– Moi, je pense qu'il faut le manger, ce jaune, lance Robert, provocateur.

– On n'est pas des cannibales, fait la signora Luisa.

– Attendez quelques semaines, et vous verrez si on n'est pas des cannibales, prédit Robert.

– Bon. Qu'est-ce qu'on fait? demande Peter avec humour. On le garde, on le mange ou on le rejette à l'eau?

Avant que le Herr Professor ait pu répondre, Sylvie s'interpose.

Déterminée.

– Je vais l'installer dans un bungalow vide.

Chacun comprend que Hoshi-Hoshi est destiné à être le « premier Japonais » de Sylvie.

Tandis que le couple s'éloigne (le Japonais absolument inconscient de son sort), le reste de la communauté de Khadji-Furu décide d'aller écouter les nouvelles à l'infirmerie. Au passage, on décroche Salvatore de son cocotier.

C'est dans un silence religieux que Peter tourne les boutons de la radio Hitachi.

Un torrent de voix diverses s'en échappe. Des graves, des aiguës, des mâles, des femelles, des pressées, des lentes, etc.

Mais toutes s'exprimant dans des langues inconnues. Même de la camarade Natacha. Quoi? Ni la B.B.C., ni la Voix de l'Amérique, ni la Russie soviétique n'émettent dans cette partie du monde?

Les Prisonniers du Lagon se sentent vraiment seuls sur cette terre.

Et, soudain, c'est le miracle.

Une voix italienne essoufflée.

Le clan italien se jette sur le poste.

– Qu'est-ce qu'il dit? Qu'est-ce qu'il dit? hurlent les autres.

– Taisez-vous! On n'entend rien! vocifère le signore Aldo.

Le speaker italien parle à la cadence d'une

mitrailleuse. Les Robinsons de Khadji-Furu écoutent en retenant leur souffle. Il doit s'en passer des choses dans le monde. Peut-être une guerre générale?

Soudain, les trois mâles italiens poussent un cri terrible. Quoi? Qu'est-ce qu'il y a? Pour l'amour du ciel, dites-nous!

– L'équipe de football de Naples a gagné sur celle de Milan, triomphe Giorgio.

– L'équipe de football de Naples est de la *merda*! rugit Salvatore.

– Aucune équipe ne vaut celle de Rome, clame Aldo.

Ils se tapent tous les trois dans le dos.

– Arrêtez avec votre football, proteste le Herr Professor, alors que nous allons brobalement mourir de faim et de soif...

Entre-temps, le speaker s'est arrêté, à bout de souffle. La voix sirupeuse de Julio Iglesias le remplace.

Vous interrogez les compatriotes de Dante et d'Aldo Maccione. Qu'est-ce que le journaliste a dit d'autre? Rien. Ou presque. Il a parlé d'inondations en Europe (ah! c'est déjà ça, de savoir que les autres ont mauvais temps). Des négociations très serrées à Bruxelles (les négociations sont toujours très serrées à Bruxelles, ce n'est pas une nouvelle). Des rencontres au sommet quelque part...

Bon. Mais sur la Révolution des îles Maranas?

Les Italiens sont obligés d'avouer.

Ils n'ont entendu aucune allusion à une révolution dans les Maranas ni au fait que des touristes y étaient abandonnés sur un îlot désert.

L'affreuse vérité vous apparaît à tous. Personne ne s'occupe de vous. Vous êtes prisonniers du lagon mais aussi de l'indifférence générale.

Le déjeuner se déroule dans un silence sinistre. Les spaghetti au curry – recette créée par le signore Aldo – n'obtiennent aucun succès.

– C'est infect, s'exclame même Giorgio.

– La prochaine fois, tu la fais toi-même, la pasta, répond le noble Romain, furieux.

– Je crois que je donnerais un an de ma vie pour un bon bifteck-frites, soupire Robert.

– Tais-toi, tais-toi! crie Odette. Moi, je rêve la nuit d'un château énorme au poivre vert.

Le signore Aldo confie alors qu'il fait des cauchemars d'escalopes à la crème et aux fettucini. Salvatore est hanté, la nuit, par des scampi fritti, Giorgio obsédé par une saltimbocca alla romana. C'est un déferlement de fantasmes gastronomiques chez les Prisonniers du Lagon. Chacun dévoile ses rêves les plus fous. Côte de bœuf énorme et gratin dauphinois. Cassoulet plantureux. Poulet frit à la Nouvelle-Orléans. Même les Russes sortent de leur silence pour avouer leur désir monstrueux de blinis au caviar. Frau Hannah parle, avec des larmes dans la voix, d'une certaine choucroute dans une brasserie de Munich. Les Anglais perdent leur flegme pour évoquer la bière glacée de leur pub. Et Wolfgang, même Wolfgang, évoque des sandwiches au jambon fabuleux au cours d'une manif contre l'extension de l'aéroport de Francfort.

– Arrêtez! Arrêtez! crie le Herr Professor, ou nous allons devenir fous!

Alors, vous avez une illumination.

Vous proposez de faire un barbecue, le soir même, avec langoustes et vin blanc.

Les Prisonniers du Lagon vous regardent avec stupéfaction. Les langoustes! Comment n'y avait-on pas pensé plus tôt? Elles grouillent dans leur casier, à quelques mètres du ponton. Destinées à figurer « hors pension » (très cher) sur le menu des touristes.

Délire général. Oui, oui, mangeons des langoustes, ce soir. Cela nous remontera le moral. Grillées sur un grand feu (il reste du mobilier en pagaille). Tout le monde s'habillera. Se maquillera. Dansera.

Une vraie Fête.

Seule Frau Hannah, comme d'habitude, manifeste quelque réticence. Ne vaut-il pas mieux, par prudence, garder les langoustes et le vin blanc pour des jours plus difficiles?

Non! Non! crient les Prisonniers du Lagon. Merde à la prudence! Inutile de voter. Même les Russes sont d'accord.

Ce soir, une *party* aura lieu dans l'île de Khadji-Furu.

Peut-être la dernière.

Mais, si les Prisonniers du Lagon sont destinés à périr, que ce soit après avoir dansé.

Comme les Naufragés du *Titanic*.

22

Mercredi. Aux îles Maranas.

Dès la fin de la sieste, un vent de joyeuse activité commence à souffler sur l'île de Khadji-Furu.

George et Allen, vestales déchaînées, installent sur la plage un formidable bûcher alimenté par les deux lits, la table de nuit et les fauteuils en rotin du bungalow 22.

Les Napolitains vont à la nage chercher le casier à

langoustes. Ils ont décidé de ne pas prendre la barque pour ne pas alarmer les gardes maranéens. Mais ceux-ci sont restés immobiles et silencieux depuis le matin. Peut-être ne se sont-ils pas remis de l'expédition Future Mère et Choucroute réunies. Ils ne pêchent même plus. Eprouvent-ils le même dégoût envers le poisson (toujours du poisson) que les Robinsons envers la pizza? A moins qu'ils ne commencent à connaître, eux aussi, l'inquiétude d'être abandonnés. Après tout, personne n'est venu les remplacer depuis le début de la Révolution. Une voix propose de les inviter à la *party*. Pour leur remonter le moral à eux aussi. Robert s'y oppose farouchement. En tout cas, moi je retourne pas là-bas pour recevoir un coup de fusil là où je pense, de sauvages qui ne connaissent même pas la Croix-Rouge. Le Comité des Fêtes de Khadji-Furu lui donne raison.

Les langoustes posent un grand problème. Il y en a dix. Soit vingt demies. Or, par suite du débarquement japonais, il y a maintenant vingt et un Prisonniers du Lagon. Si l'on se base sur une portion d'une demi-langouste par personne, mathématiquement un des Robinsons se trouve frustré du précieux crustacé.

Le Comité des Fêtes se réunit à la hâte.

Que faire?

Tirer à la courte paille celui qui sera privé de dîner? Comment ses compagnons auront-ils le cœur à s'amuser, sachant que l'un d'entre eux ne mange pas de langouste?

Remplacer la bête délicieuse par une pizza surgelée pour la jeune Maranéenne? Cent fois non. Ce serait là attitude raciste, patronale et, de plus, cruelle pour une future mère. Bref, immonde.

Alors... Hoshi-Hoshi?

Après tout, si l'honorable représentant de l'Empire du Soleil levant n'était pas apparu sur sa planche – et sans vivres – le matin même, aucun problème ne se poserait.

Sylvie s'oppose farouchement à toute discrimination envers son Nippon. L'Evangile n'a-t-il pas proclamé : les premiers seront les derniers et les derniers seront les premiers? Hoshi-Hoshi a droit à la première demi-langouste.

Tout le monde admire les connaissances évangéliques de Sylvie.

Mais il manque toujours une demi-langouste.

L'idéal serait évidemment de convier le copain Jésus à la *party* pour une de ces charmantes multiplications dont il a le secret (l'apparition de petits pains croustillants serait bienvenue également). Mais le copain Jésus ne répond pas à l'invitation.

Peter trouve une solution dans sa tête de scientifique.

Chacun aura une demi-langouste, moins les pattes.

Celui qui n'aura pas de demi-langouste aura, en revanche, toutes les pattes.

Affaire réglée. Le Comité des Fêtes se sépare, soulagé.

Même les Russes participent à l'atmosphère d'excitation générale. En bavardant gaiement dans la langue de Tolstoï, apparemment réconciliés, ils disposent tables et fauteuils comme pour un vrai « buffet ». Natacha jette des coussins autour du feu. La colonelle s'est fabriqué des bigoudis en branches de corail et navigue, comme un hippo, heureuse, les bras chargés d'assiettes et de verres. On entend le colonel rire une fois.

Robert entoure les bouteilles de vin blanc italien

de torchons mouillés qui, en séchant au soleil, rafraîchissent le vin, suivant un principe bien connu, affirme-t-il, à la Légion étrangère.

Herr Professor et Frau Hannah tendent entre les cocotiers des guirlandes de branches de palmiers dans le style distribution des prix à la pension Wiener. Cela fait un peu patro, ricane Sylvie. On la fait taire. Patro ou pas patro, cela donne un air de vraie fête à la *party*. Seule Odette, priée de rentrer sa lessive peu décorative, grogne un peu.

Puis tout le monde court se laver. Les femmes à la section est B et les hommes à la section est A. Odette prête son plus beau boubou et une petite culotte à Luisa qui manque en pleurer d'émotion. Elle en a assez de se balader enveloppée dans des nappes de restaurant. L'Italienne, en retour, entreprend de maquiller tout l'élément féminin de l'île (elle dirige un institut de beauté à Rome). Les camarades Natacha et Olga sont transformées en odalisques et le colonel pousse une série de « da! da! da! » si admiratifs que vous vous demandez si le trio ne va pas demander l'asile politique aux Maranas. Et finir ses jours dans une débauche capitaliste bien gagnée.

Mais la joie est à son comble quand les Suédoises apparaissent avec des fleurs cueillies çà et là. Toutes les femmes en mettent une derrière l'oreille. Tahiti, c'est parti!

De leur côté, les hommes arrivent, rasés de près (un verre d'eau douce de la citerne a été distribué à chaque mâle par le Herr Professor). Ils sentent même l'after-shave et portent des couronnes de branches de palmier sur la tête, du plus bel effet.

– On dirait qu'une orgie romaine se prépare, glousse Sylvie, ravie.

Et la Fête commence.

Giorgio et Salvatore mettent les langoustes à griller (odeur divine malgré le léger relent de vernis du bois) et les déesses scandinaves servent le vin blanc à la ronde. Le système de la Légion étrangère ne vaut pas un bon frigidaire mais personne ne va chipoter, ce soir, sur le côté tiédasse de l'asti spumante.

– Mes amis! crie le signore Aldo en levant son verre, je propose un toast à la libération des îles Maranas...

Les Prisonniers du Lagon lèvent leur verre à leur tour, en hurlant :

– A la libération des îles Maranas!!!

– Je souhaite, continue le noble Romain – chez qui l'on sent l'habitude des repas d'affaires et des cocktails d'entreprises –, qu'une fois cette épreuve terminée nous n'oubliions jamais ces durs moments vécus ensemble.

Grand moment d'exaltation chez les Robinsons. Oui! Oui! N'oublions jamais! Jurons!

Robert prend à son tour la parole :

– Tu as raison! C'est comme si nous avions fait la guerre ensemble. Je propose donc que, désormais, tout le monde se tutoie.

– Oui, oui, rugit l'Assemblée des Prisonniers du Lagon. Tutoyons-nous!

– Je suggère, enchaîne le signore Aldo, que nous nous embrassions tous.

C'est du délire. Chacun se jette dans les bras de son voisin. Sylvie embrasse même les deux Suédoises et la colonelle embrasse Sylvie. Les Anglais embrassent Ivan Ivanovitch qui embrasse le Herr Professor, etc.

C'est la Grande Réconciliation des Peuples. Chacun ressent qu'il vit un moment historique de sa vie. Beaucoup ont les larmes aux yeux (l'asti spumante coule à flots). Personne n'oublie la petite Maranéenne. (Après un vif mouvement d'inquiétude – elle ne doit pas avoir l'habitude d'être embrassée par des touristes beuglants, couronnés de branches de palmier –, elle finit par s'y faire.)

Alors, le signore Aldo demande pardon à Robert de lui avoir fait payer dix dollars un paquet de cigarettes américaines. Et Robert demande pardon au signore Aldo de l'avoir dépouillé de sa montre Rollex en échange d'une tranche de cake desséché, de deux crèmes de gruyère et d'une petite bouteille de Marie Brizard. Herr Professor assure, les larmes dans la voix, qu'il n'a fabriqué que des machines à coudre pendant la guerre. Et le colonel Ivan Ivanovitch jure en pleurant qu'il est pour la paix dans le monde, y compris en Pologne. Dans un bel élan, on étreint même Bingo et Cheetah pour que nos petits frères les singes reçoivent leur part d'amour, ainsi que l'a recommandé notre petit frère saint François d'Assise. (Ils portent de ravissants rubans de couleur noués autour de leur queue. Les singes, bien sûr.)

Après quoi, tout le monde se jette sur les langoustes. Pendant quelques instants, ce ne sont que bruits de mandibules broyeuses, de carapaces déchiquetées, de pattes cassées et sucées (c'est Odette qui en a hérité).

Peter, qui s'est assis par terre à vos pieds, vous fait remarquer que l'on peut faire l'étude du caractère de quelqu'un en observant sa façon de dévorer sa langouste en poussant des grognements de bonheur bestial. Vous lui répondez qu'il y a des moments dans la vie, d'une telle beauté, qu'il vaut mieux éviter d'épier la nature humaine. Peter en convient.

– Buvons, clame Sylvie, déchaînée, et dansons!

On allume le lecteur de cassettes italien. Vous l'aviez oublié, celui-là. Et, ma foi, vous êtes toute contente de le retrouver. Vous vous demandez si les événements vous ont tellement changée que vous êtes désormais capable d'aimer le rock. C'est Prunelle qui en aurait un choc.

Mais les Napolitains choisissent de passer de bons vieux slows (« ah! ça se dansait déjà à ton époque, màman? »)

Les couples se forment. Naples jumelée avec la Suède. Vous avec Peter. Sylvie si étroitement enlacée avec le petit Hoshi-Hoshi que vous vous demandez comment ils font tous les deux pour respirer. Les deux dames russes piétinent ensemble (le colonel, prudent, a dû refuser de choisir). Enfin, Herr Professor et Frau Hannah semblent avoir retrouvé une flamme qui dut briller anciennement car vous surprenez la respectable Bavaroise en train de mordiller l'oreille de son non moins solennel époux. Wolfgang a aperçu le manège de sa mère. Il murmure un « Mutti » plein de stupeur et de reproche. Mais Mutti s'en fout! Elle rit même, comme la petite jeune fille aux longs cheveux blonds et aux yeux malicieux qu'elle fut. Et fait un tout petit bras d'honneur en direction de Wolfgang qui en reste muet d'horreur. Heureusement, il est happé par les bras de Luisa où il se laisse engloutir, lui et son Œdipe.

C'est alors que Peter vous embrasse dans le cou. Longuement et passionnément. Enfer et Damnation. Vous en frissonnez de bonheur jusqu'aux talons. Le vin blanc italien est traître, ce soir. Et la musique douce dans la nuit... la lune sur la mer...

l'ombre des cocotiers... le feu sur la plage... tout se ligue contre vous. Maman, au secours!

Maman est très loin. Très loin. Très très loin.

N'existe plus que cette nuit.

Peter.

Et votre cœur qui cogne comme un marteau-piqueur.

Et vos jambes en purée mousseline.

Cependant, vous remarquez vaguement qu'Odette et Robert ne dansent pas. Ils chuchotent véhémentement. Il semble que la première demande au second quelque chose qu'il refuse énergiquement. Peut-être un enfant conçu dans cette nuit sublime, unique?

Non. Car Odette pousse brusquement un beuglement terrible, attrape une bouteille – heureusement vide – et l'abat sur le crâne de son mari. Qui s'effondre les bras en croix sur le sable.

Puis Odette saisit le crochet avec lequel elle décortiquait ses pattes de langoustes et disparaît dans le bois de cocotiers en hurlant:

– Je vais me tuer!

Le premier mouvement de stupeur passé, les Prisonniers du Lagon se précipitent vers Robert que l'on traîne dans l'eau pour le réveiller.

– Arrêtez! Arrêtez! crie Peter. Vous allez me le noyer!

Robert, sauvé de la noyade, n'a qu'une grosse bosse sur son crâne de granit breton.

Que s'est-il passé entre les deux époux?

Remuée par l'ambiance romantique de la soirée et le vin blanc – toujours lui –, Odette a évoqué la perspective d'une mort prochaine des Robinsons abandonnés. Et, avant de disparaître, la petite Paimpolaise voulait savoir si son mari l'avait trompée.

Cela n'avait aucune importance, n'est-ce pas, dans la perspective d'une mort vécue ensemble, après une vie conjugale très unie. Mais elle voulait juste savoir...

Et ce fou de Robert avait avoué.

– Aïe, aïe, aïe! s'exclamèrent les hommes présents, avec ensemble.

Oh! il l'avait trompée juste deux petites fois sans importance, avec une vendeuse du supermarché d'en face. Mais Odcttc qui avait juré de rester calme et de tout pardonner d'avance, Odette avait craqué. Elle avait tenté de tuer l'Infidèle. Et maintenant elle galopait à travers l'île de Khadji-Furu, en hurlant « Salaud! Salaud! ». Et, dans son désespoir, elle pouvait se planter son crochet à langoustes dans le cœur. Et se jeter dans le lagon, où on la retrouverait telle une Ophélie paimpolaise, flottant entre deux madrépores.

Devant cette perspective effrayante, vous vous précipitez avec Sylvie et Luisa à la poursuite de la malheureuse. Tandis que Peter et Aldo tentent de réconforter le coupable qui sanglote :

– Si elle se tue, je nage jusqu'aux gardes maranéens pour qu'ils me flinguent. Ah! mais quel con, quel con je suis!

– Hélas, hélas, hélas! répondent les hommes présents, en hochant la tête.

Vous retrouvez Odette en train de sangloter tellement violemment contre le tronc d'un cocotier que vous êtes surprise que celui-ci ne ruisselle pas de larmes également (les cocotiers ont le cœur dur). Vous vous approchez doucement avec vos compagnes. La Femme Trompée se redresse en brandissant son crochet à langoustes.

– Si vous avancez, je me le plante dans le cœur.

Et elle se met à ululer comme une louve blessée à mort.

Vous vous regardez avec vos deux acolytes. Dans l'état hystérique où se trouve la Bretonne, mieux vaut éviter de l'affoler en se jetant sur elle. Vous vous asseyez donc toutes les trois par terre, et vous commencez à lui parler doucement.

– Raconte... demande Sylvie.

– Robert... il m'a trompée... deux fois!!!

Elle se remet à ululer.

– Et c'est pour ça que tu fais un tel boucan? s'étonne rudement Sylvie. Mais, ma pauvre, si j'avais voulu me planter un crochet à langoustes dans le cœur à chaque fois que j'ai été trompée, j'aurais la poitrine en dentelle à trou-trous.

– Tu n'as jamais été follement amoureuse, toi! hurle Odette.

– Est-ce que j'ai la tête de quelqu'un qui n'a jamais été follement amoureuse? s'écrie Sylvie avec indignation.

– Peut-être que tu supportes... heu... d'être cocue, mais moi, non! s'exclame farouchement la Paimpolaise.

– Ecoute, dit Sylvie, j'ai eu, comme tout le monde, un mari qui me trompait. Une nuit, je me suis glissée en chemise de nuit et pantoufles à l'arrière de la voiture pour savoir qui il retrouvait. Il m'a vue. Et, au lieu de se mettre à genoux en me baisant les pieds et en me demandant pardon, il m'a vidée là, sur le trottoir. J'ai dû mendier un ticket de métro et traverser Paris en chemise de nuit et pantoufles, à minuit. Tu imagines la joie des gens sur la ligne Nation-Dauphine.

– Et alors? demande le chœur féminin, fasciné.

– Et alors? J'ai divorcé. Maintenant, ce sont mes amants qui me trompent. Mais jamais plus je ne me balade la nuit en chemise de nuit et pantoufles, à leur poursuite.

La Paimpolaise regarde autour d'elle, d'un air égaré :

– C'est ça, l'Homme ?

– Qu'est-ce que tu crois ? rigole Sylvie. Il n'y a de vrai que l'amour et le Père Noël.

Pendant qu'Odette médite cette forte remarque, c'est à votre tour de prendre la parole. Vous parlez de vous. De l'Homme. De l'Autre. Des autruches. Est-ce que deux petits accrocs dans un contrat de mariage, ignobles certes, mais sans lendemain, valent un massacre à coups de crochet à langoustes ? Votre réponse est non. Surtout cette nuit dont on ne sait pas de quoi l'aube sera faite.

Vous prêchez comme vous n'avez jamais prêché. Bossuet en paréo.

Luisa enchaîne. Dans le genre noble. La Grande Epreuve. Le Grand Nettoyage Purificateur des Cœurs. Le Grand Pardon, etc.

Quand vous vous taisez, épuisées, toutes les trois, Odette s'est laissée tomber au pied de son cocotier et renifle doucement. Vous allez vous asseoir auprès d'elle et vous la prenez dans vos bras. Sylvie en profite pour lui piquer le crochet à langoustes.

– Et toi, tu ne l'as jamais trompé ? interroge Luisa.

– Non, dit Odette, et c'est ça qui me rend malade. Je me suis conduite comme une gourde, ajoute-t-elle en soupirant.

– D'accord. Mais que celle qui ne s'est jamais conduite comme une gourde lui jette la première carapace de langouste, assure Sylvie.

Justement, voilà le coupable qui apparaît, tête basse, entouré de Peter et d'Aldo, l'air honteux du misérable qu'il est.

Mari et femme se regardent. On les pousse l'un vers l'autre. Allez, embrassez-vous... Faites pas les idiots... Ils rééclatent en sanglots, s'étreignent, se demandent mutuellement et frénétiquement pardon, se jurent qu'ils ne recommenceront jamais.

Vous les abandonnez à leur réconciliation. Et à la méditation du proverbe albanais : « Il faut parfois concéder que les navets sont des poires. »

— Tout cela nous promet un nouveau petit Paimpolais dans neuf mois, prédit Sylvie sur un ton qui vous paraît légèrement mélancolique.

Vous vous demandez si elle n'est pas tentée d'envisager, elle, un petit fripon nippon.

Le drame conjugal breton a un peu éteint la gaieté de la Fête. Le feu a baissé. Tout le monde chuchote. La lune descend. Les cocotiers se font plus menaçants. Julio Iglesias s'est arrêté de siruper.

De nouveau, la question hante les esprits : de quoi demain sera-t-il fait ?

Alors les Russes se mettent à chanter.

Ils ont, tous les trois, des voix splendides. Ce n'est plus le dur colonel Ivan Ivanovitch, avec ses yeux jaunes un peu méchants, ce n'est plus la grosse colonelle boudinée dans ses robes à fleurs criardes, ni la forte et hargneuse Natacha, c'est la tristesse slave, le lyrisme des steppes, la sauvagerie de la toundra.

L'extrême beauté du chant russe.

La nostalgie étreint le cœur de tous les Prisonniers du Lagon. Chacun goûte avec une douce mélancolie les étoiles énormes qui illuminent le ciel, la mer qui bouge imperceptiblement sur le sable, la nuit d'une langueur infinie.

Quand les Russes s'arrêtent de chanter, on n'applaudit pas.

On dit : Merci, merci, camarades!

Peter se lève, vous tire par la main et vous emmène vers son bungalow. Vous le suivez dans un rêve. Avec votre cervelle en mou de veau, votre cœur qui bat comme un tambour sioux, vos genoux en flanelle.

Demain est un autre jour. Vous réfléchirez.

23

Jeudi. Aux îles Maranas.

Quand vous vous réveillez, vous restez un quart de seconde interloquée de vous retrouver étroitement serrée dans les bras d'un homme inconnu. Dans un lit à une place. Françoise Dorin a écrit un livre épatant sur le bonheur du Lit à Une place. Mais comment fait-elle quand elle est deux? Vous, vous avez une fesse dehors.

Peter. Vous le regardez. Il dort. Les cheveux tout emmêlés, un peu de gris sur les tempes. Et un air de gamin content. Votre cœur se remet à tonner comme le canon. Allons bon. Vous n'allez quand même pas tomber *réellement* amoureuse du spécialiste de la *Glossina Perversa Dromadoris* sous prétexte que vous adorez son sourire et ses yeux noisette et ronds comme ceux d'un ours en peluche. Un Bostonien dont vous ne savez rien sinon que vous êtes formidablement bien dans ses bras. Jouer *Brève Rencontre* avec un biologiste en forme d'ours en peluche géant, aux îles Maranas, pendant une révolution, très bien. Pour le moral. Et le physique.

Tous vos magazines féminins l'assurent. Heming-way en a sûrement fait un bouquin. Mais attention! Pas question de basculer dans le sentiment, le romantisme, pire, la passion. Interdit à une femme raisonnable comme vous, qui...

– Tu songes déjà à me quitter! demande la voix ensommeillée de Peter qui, le monstre, ne dormait pas aussi profondément qu'il vous le laissait croire.

– Je ne sais pas comment je ferai, remarquez-vous. Peut-être à la nage.

– Avec toi, je m'attends à tout, répond-il gaie-ment.

Vous êtes un peu surprise.

– En France, remarquez-vous, je passe pour une femme honnête à qui on peut se fier.

– C'est parce que tu trompes ton monde, assure-t-il, en vous embrassant dans le cou.

Ce que vous continuez à trouver délicieux. Pour-quoi cet individu embrasse-t-il si bien votre cou?

Vous tentez de vous défendre courageusement :

– Je ne suis là que parce que ta moustiquaire est moins trouée que la mienne.

On frappe à la porte. Décidément, les îles Mara-nas ne sont pas un endroit rêvé pour dormir tard le matin.

C'est Giorgio. Il entre. Ne paraît pas surpris de vous trouver dans le lit de Peter. Ce qui prouve que vous n'avez décidément pas l'air aussi honnête que vous l'aviez toujours cru.

– Les Russes ont disparu, annonce-t-il.

Comment ça, les Russes ont disparu?

Ils ne sont nulle part.

– C'est un plaisanterie? demande Peter.

Il ressort des explications confuses de Giorgio que les Russes étaient précisément de corvée de petit déjeuner ce matin. Or, quand Frau Hannah est venue s'assurer que tout était prêt, un grand silence régnait dans la cuisine où seule la Maranéenne avait allumé le fourneau et errait, désemparée.

Vous émettez l'opinion que les Russes se cachent pour ne pas remplir leurs obligations ménagères.

Peut-être. Une patrouille formée immédiatement par Frau Hannah fouille l'île depuis une demi-heure pour débusquer les tire-au-flanc.

Bizarre. Bizarre.

Vous rejoignez, avec Peter, la salle à manger où les Robinsons apparaissent, abrutis, les uns après les autres.

La patrouille revient. Bredouille. Elle n'a trouvé que les Anglais qui ronflent, saouls comme des bourriques galloises, près de leur feu qui brûle toujours. Ce qui prouve bien que, même ivre mort, un Britannique est toujours loyal à la Reine. Les singes gisent également, bourrés de vin blanc, sous les cocotiers. Ils ont dû boire tous les fonds de verres. Si saint François d'Assise voyait cela!

Mais de Russes, point. Ni sous leur lit. Ni dans les cocotiers (on voit mal ce qu'ils y feraient). Ni dans les W.-C. pour dames. Ni dans l'île. Ni dans la mer.

Pire. Il ne reste aucune trace de leur passage dans leurs bungalows. Pas la moindre brosse à dents. Pas même la lampe électrique. Comble : ils ont fait leurs lits avant de disparaître.

Les Prisonniers du Lagon se regardent.

Ils n'ont quand même pas rêvé. Il y a bien eu des Russes pendant quatre jours à Khadji-Furu? On louche sur Sylvie. (Discrètement à cause de Hoshi-Hoshi.) Elle hoche la tête. Elle peut même préciser qu'un certain camarade colonel Ivan Ivanovitch... oui, bon, pas de détails érotiques, chérie, avant le petit déjeuner.

– Ils se sont enfuis après la Fête, conclut Robert d'une voix dramatique.

210

Mais comment? Le canot est toujours là, au ponton. Les sentinelles maranéennes aussi, immobiles sur la mer immobile.

Les Russes ne se sont pourtant pas envolés comme des poissons volants?

– Un sous-marin est venu les chercher, *eux*, dit Sylvie douloureusement, résumant la pensée générale.

Une grande amertume envahit tous les Robinsons, doublement abandonnés. Même les Anglais, enfin tirés de leur torpeur, ont la moustache cafardeuse.

Non seulement aucun gouvernement occidental n'a daigné donner le moindre signe de réconfort ou d'aide aux Prisonniers du Lagon mais, pire, le gouvernement soviétique, lui, s'est occupé de tirer ses ressortissants du guêpier. Quelle leçon pour les anticommunistes primaires!

– Ah! Ce n'est pas la France qui enverrait un sous-marin pour nous délivrer, ricane Robert. Quand je pense à tous les impôts que je paie! Et pour quoi? Des ambassadeurs, une armée, des fonctionnaires qui n'ont pas levé le petit doigt pour moi.

Vous approuvez. Quand vous rentrerez, vous écrirez à votre député pour savoir à quoi exactement sert le porte-avions *Georges-Clemenceau*.

Mais vous constatez que les Français ne sont pas les seuls à être fous de rage. Le clan italien serre les poings. Les Allemands aussi. Seul Peter reste calme. La VIIe flotte ne se déplace, explique-t-il, qu'à partir de vingt femmes et enfants américains en danger. Quant au Japonais, il n'est pas étonné. Son groupe était si nombreux que l'accompagnateur ne s'apercevra de la disparition d'un de ses membres qu'à Tôkyô. Au comptage du retour.

Quant aux Anglais, c'est une tradition depuis

Robinson Crusoé de les abandonner sur une île déserte.

– Les sentinelles ne sont plus les mêmes! s'exclame brusquement Sylvie.

Comment peut-elle en être sûre? On voit à peine la boule de leur tête dépassant du plat-bord de leur barque. Mais Sylvie est formelle. Les gardes-ont-été-changés-cette-nuit. Personne ne met en doute cette affirmation. Chacun sait que l'œil de Sylvie se posant sur n'importe quel mâle à deux kilomètres à la ronde est infaillible.

Bon. Les Maranéens ont, cette nuit, laissé passer les Russes. Mais comment les Russes ont-ils communiqué avec leur sous-marin, si sous-marin il y a?

– Tout simplement avec la radio de l'île, dit le Herr Professor.

Chacun reçoit un coup de poignard en plein cœur. Quoi? L'amitié, la fraternité, la chaleur humaine qui avaient semblé régner pendant la Fête n'étaient que gigantesque illusion? Cette émotion qui avait étreint les Prisonniers du Lagon, tout au long de la nuit magique, dissimulait fourberie et mensonge chez certains?

– Quand je pense que j'ai pleuré pendant qu'ils chantaient, remarque tristement Sylvie.

– De toute façon, assure rageusement le signore Aldo, moi, je ne serais pas monté dans un sous-marin soviétique. Pour me retrouver en Sibérie!

– Sans l'impérialisme américain, les Russes seraient pacifistes, dit Wolfgang, brusquement agressif.

– Arrête tes conneries, crie Robert, furieux, tu vas faire rigoler les singes...

Vous proposez d'arrêter cette discussion politique – interdite – qui ne mène à rien. Comme d'habitude. L'important, c'est de reformer l'unité d'une communauté ébranlée par la lâche évasion du clan soviétique.

Tout le monde lève la main et vote l'interdiction formelle de prononcer à l'avenir le mot « russe » sur l'île de Khadji-Furu.

Mais il est clair que le climat se dégrade.

D'autant plus que le vin blanc italien a causé des ravages. La plupart des Prisonniers du Lagon se plaignent de maux de crâne et d'estomac.

Robert proclame même que l'asti spumante était trafiqué. Que tous les vins italiens sont trafiqués. Que tous les champagnes italiens sont trafiqués. Vous approuvez. Une bonne blanquette de Limoux ne donne jamais mal au crâne ou à l'estomac.

Les Napolitains protestent avec indignation. Une dispute générale éclate sur les problèmes viticoles français dus à l'ignoble concurrence des vins italiens.

– Je broboze, dit le Herr Professor, que les mots « vin italien » ne soient blus jamais brononcés sur cette île. Du reste, il n'y en a blus.

On en est réduits à l'eau bouillie et rebouillie.

Et aux pizzas cuites et recuites. Cassantes. Desséchées.

Peter se lève :

– Je réclame des volontaires pour faire du bicyclette.

Allons bon! Peter est devenu fou. Faire du bicyclette sur cette île sans route, sans bicyclette et sous un soleil de plomb!

Vous seule êtes dans le secret. Peter a trouvé un vieux vélo dans une case et il a bricolé tout un système pour le relier au groupe électrogène. Il pense qu'en pédalant avec acharnement on pourrait peut-être regonfler les batteries à plat.

Mais, entre la traîtrise des Russes et celle de l'asti

spumante, le moral des Prisonniers du Lagon est à zéro.

– Cela ne marchera jamais, votre bricolage, dit Robert.

– Et puis, pour quoi faire? remarque le signore Aldo, déprimé. (Peut-être est-il plus atteint que vous ne le pensez par l'attaque contre les vins italiens.) De toute façon, on est condamnés à crever ici. Un peu plus tôt ou un peu plus tard... Le capitaine Mohammed M' Bata s'est bien foutu de nous!

– Moi, je veux bien pédaler, dit Luisa, en se levant d'un air résolu.

Tout le monde en reste baba. A commencer par son compagnon romain. Personne n'avait remarqué que Luisa avait beaucoup changé. Dépouillée de ses jolies robes, les ongles rouges écaillés, le visage hâlé par le soleil et non par les fonds de teint, les cheveux desséchés par l'eau de mer, Luisa n'est plus une tapageuse Italienne mais une brave fille courageuse et gentille.

– Nous aussi, on va pédaler, crient les autres femmes.

– Vous n'êtes que des dégonflés! s'exclame Odette. Les bonshommes sont des dégonflés!

Devant ce grave reproche, les hommes protestent violemment. Eux aussi vont pédaler. Le double.

Non. Par rotation d'une demi-heure chacun, mais énergiquement, décide Peter.

La matinée se traîne. Morne. Ceux des Prisonniers qui ne pédalent pas sont affalés sous les cocotiers, sans même avoir le courage de se baigner.

– Je ne peux plus supporter cette mer verte et ce ciel bleu, soupire Odette. Qu'est-ce que je donnerais pour un bon petit crachin breton et un énorme pichet de cidre frais!

214

– Et moi pour entendre mes trois téléphones sonner en même temps, pleurniche le signore Aldo.

Les regrets fusent. Ah! Un bel embouteillage de départ en vacances avec concert de klaxons et hurlements d'automobilistes. Et le crissement délicieux des poubelles dans la rue, à l'aube. Et le grondement admirable des motos sans pot d'échappement.

Cette symphonie grandiose des bruits de la ville, comme elle vous manque!

Vous en arrivez à avoir la nostalgie du rock de Prunelle.

Peter remarque votre air abattu :

– Garde la moral, *darling*, dit-il avec son merveilleux sourire optimiste. Au pire, nous mourrons dans les bras l'un de l'autre. Nous serons les Roméo et Juliette des Maranas et l'on nous construira une tombeau en corail que les touristes viendront admirer par charters entiers.

Cette perspective ne vous enchante pas vraiment.

– Non. Je veux que mon corps soit incinéré avec les ordures et jeté à la mer, murmurez-vous sombrement.

Car se pose maintenant le problème des poubelles.

Au début, les Robinsons ont jeté les ordures dans un grand trou dans la partie broussailleuse de l'île. Mais le trou a débordé rapidement. Ainsi que l'a fait remarquer l'écolo Wolfgang, le drame de l'homme, c'est sa merde. Plus il consomme, plus il produit de merde. Au point qu'elle risque de l'étouffer. Toute ménagère qui supplie, chaque soir, sa petite famille de lui descendre la poubelle sait cela. Il n'y a qu'à voir ce que deviennent les rues de Paris à chaque grève des éboueurs. En quelques jours, la montagne des déchets gagne le premier étage des immeubles.

Frau Hannah avait entrevu le jour où l'île de Khadji-Furu serait recouverte par la marée de ses ordures. Elle avait réuni l'Assemblée. Pourquoi ne pas tout balancer dans la mer? crièrent les uns. C'est ça, s'exclamèrent les autres, et se baigner ensuite dans des débris de pizzas et des restes de choucroute! Une majorité se dégagea pour brûler les cochonneries qui commençaient à pourrir derrière votre bungalow.

C'est alors que les Anglais refusèrent net de brûler la moindre ordure. Ils étaient pourtant chargés du Feu. Ils répliquèrent qu'ils étaient les Vestales Sacrées. Pas les Eboueurs de l'île. On eut beau les supplier. Ils restèrent fermes sur leur position avec cet entêtement qui a fait la grandeur puis la chute de l'Empire britannique. Vestales, oui. Eboueurs, non.

– On ne beut jamais compter sur l'Angleterre, soupira amèrement Frau Hannah, je le ferai moi-même.

Ce matin, une colonne de fumée nauséabonde rappelle à chacun la triste condition humaine: « L'homme n'est que merde et poussière. »

D'autre part, le marché noir bat son plein.

Malgré les promesses d'amitié éternelle échangées la nuit précédente, c'est à qui trafiquera le plus effrontément.

Le Herr Professor (qui l'eût cru) vend très cher (dix dollars) à Robert deux tablettes de son médicament contre les ulcères d'estomac. Celui-ci fait payer à son tour dix dollars aux Napolitains affamés deux carrés de crème de gruyère, deux petits pots de confiture d'abricot gélatineuse. Plus une bouteille de Marie Brizard. Que les Napolitains revendent à leur tour cinq dollars aux Anglais.

216

Odette troque sa corvée de vaisselle avec Luisa contre un paréo.

Des disputes éclatent çà et là.

Une des déesses scandinaves s'est assise sur le tube dentifrice de Frau Hannah. La fureur de celle-ci est terrible. Elle menace de tordre le cou de la coupable qui s'enfuit se réfugier dans les bras de Giorgio.

Des clameurs se font entendre du côté des douches pour hommes. C'est Wolfgang qui a essayé de gagner une place dans la file d'attente. A la queue, comme tout le monde! crient le signore Aldo et Robert, qui ajoute : « Si tu veux pas qu'on te frictionne ta sale tronche de gaucho avec du sable! »

Une lettre anonyme apparaît sur le tableau d'affichage de la salle à manger :

« Y en a qui cachent du sucre dans leur chambre. »

Vous allez vous plaindre à Peter qui surveille le pédalage des volontaires :

– La nature humaine n'est pas belle!

– Et encore, *darling*, on n'a pas tout vu, répond-il gaiement.

Les prévisions de Peter se révèlent exactes.

Au déjeuner, les nerfs des Prisonniers du Lagon craquent.

Le groupe électrogène n'a pas voulu redémarrer malgré les efforts des Robinsons qui ont tous mal aux cuisses et aux mollets à force d'avoir pédalé. La ration d'eau pour le déjeuner a été fixée à un verre d'eau de la citerne bouillie et rebouillie mais toujours saumâtre. Certains la recrachent. Les spaghetti à la noix de coco ont peu de succès.

– Le pire, remarque soudain Odette, c'est l'absence de nouvelles. Si, au moins, on était au milieu des balles et des bombes, on saurait ce qui se passe.

Elle a raison. Ce mutisme est mortel. Les Prisonniers du Lagon ont l'impression qu'ils n'existent plus pour personne, qu'ils vont disparaître dans le silence général, se dissoudre sur cet îlot désert entouré à l'infini par une mer insensible.

La faim et la soif guettent certes les Robinsons, mais surtout la folie.

Et chacun d'évoquer avec délectation les faits divers les plus affreux. Mme Claustre – toujours elle – à moitié hystérique au bout de deux ans d'abandon dans sa hutte de branchages, en plein désert. Les survivants des Andes qui ont dévoré leurs camarades morts de froid dans la neige. Les naufragés du Radeau de la Méduse qui se sont entre-tués jusqu'au dernier.

Vous ne savez pas qui prononce le mot « testament ». Immédiatement, cette idée flambe comme un feu de maquis corse.

Chaque Prisonnier du Lagon désire laisser un message derrière lui. Ultimes recommandations à des enfants qui n'en feront rien. Mots d'adieu à des êtres chers qui les rangeront dans des fonds de tiroir. Insultes aux gouvernements et aux agences de voyages qui les flanqueront dans leurs corbeilles à papier.

– Moi, je désire surtout, dit Robert, farouche, ne pas laisser un sou à l'Etat français qui n'a jamais rien fait pour moi, sinon me piquer des impôts.

Salves d'applaudissements. Il apparaît que pour tous, Français, Italiens, Allemands, Anglais (et surtout Anglais, précisent George et Allen), l'Etat est un vautour qui, après avoir saigné à mort ses concitoyens, guette leur disparition définitive pour leur arracher leur dernier lambeau de chair financière.

Tout le monde se tourne vers vous, Sylvie ayant dévoilé que vous étiez avocate. Dans une autre vie. Vous rappelez que vous ne connaissez que le droit français. Et que, de plus, vous trouvez cette idée de testament totalement déprimante. Et injustifiée, étant donné qu'il reste encore des monceaux de spaghetti et quatre-vingt-dix boîtes de fruits au sirop. La Révolution maranéenne passera plus vite que la pêche californienne.

Le débat continue néanmoins.

– Quand je pense, siffle Robert, que j'ai cotisé à la Sécurité sociale pour rien. Ça me rend malade. Et ma retraite ? Ils m'ont volé un de ces pognons pour ma retraite ! Et je ne vais même pas en profiter...

– Moi, je veux laisser un testament, proclame Sylvie. Dans une belle enveloppe. Avec : « Merde à celui qui me lira... »

– Moi, dit Luisa à Aldo, je lègue toutes mes robes à ta garce de femme. Elle est beaucoup plus grosse que moi : elle ne pourra jamais les mettre.

George et Allen ne désirent rien laisser à leurs frères, sœurs, neveux, cousins, jusqu'au dernier et plus lointain degré. Ils lèguent leur maison du Somerset et leur voiture à leur petit chien.

Le plus préoccupé est Aldo. Il avoue posséder un compte en Suisse. Qui va en bénéficier ? Les banques suisses, comme d'habitude. Il envisage de lancer à la mer, dans une bouteille, un message chiffré pour son fils aîné.

Vous, vous n'avez rien à laisser. Quelques conseils à Prunelle ?

– Les conseils, ton fille s'en fout, dit Peter. Ecris : « Je t'aime. »

– De toute façon, s'écrie brusquement Frau Hannah, il n'y a rien bour écrire.

Comment ça, rien pour écrire ?

Non. Et Frau Hannah révèle l'affreuse vérité. Certes, il reste les registres de l'hôtel et de vieilles factures trouvées dans les tiroirs du directeur. Et cinq cartes postales représentant toutes un gros poisson, l'œil morne, dans ses coraux.

Mais le tout est destiné à pallier le manque fâcheux de papier toilette. Car la situation est dramatique de ce côté-là aussi. On en est au dernier rouleau de papier toilette.

– Il y a les feuilles des arbres, hasarde Sylvie.

– Et si elles sont vénéneuses? fait Robert, méfiant. On les connaît pas, ces arbres...

– Sans compter, remarque Aldo, que la plupart des feuilles sont... vernissées et risquent d'irriter... heu...

Tout le monde comprend.

Vous proposez alors que le papier disponible – registres de l'hôtel, factures et même cartes postales – soit distribué entre tous les Prisonniers du Lagon.

Chacun l'utilisera à son gré. Ou autrement.

Motion adoptée à l'unanimité.

(Vous devez à la vérité d'avouer que personne ne vint ultérieurement réclamer vos conseils éclairés pour la rédaction d'un quelconque message posthume. Les secondes pensées sont toujours les meilleures, dit le proverbe chinois.)

L'importante question du papier toilette réglée, les conversations reprennent, comme d'habitude, sur la nourriture.

– J'en peux plus des pêches californiennes, gémit Odette. Encore une et je craque.

– Bien contente de les avoir déjà, remarque Frau Hannah, pincée comme si elle en était la fabricante.

C'est alors que Robert a une idée diabolique.

– Si on mangeait les singes?

Un cri d'horreur vous échappe, ainsi qu'à Wolfgang. Cheetah et Bingo, innocents compagnons de vos malheurs, destinés à finir en pot-au-feu? Jamais.

Immédiatement, votre petite communauté se divise en deux blocs. Ceux qui sont pour manger les deux babouins. Ceux qui sont contre. Les arguments volent de part et d'autre. Hypocrites, vous dégustez bien des poussins arrachés à leur pauvre mère poule! Ou d'adorables agneaux innocents. Ou de petits veaux aux grands yeux si doux! Ce n'est pas la même chose! Et pourquoi donc, s'il vous plaît? Cheetah et Bingo sont des amis qui partagent l'Epreuve avec nous, nos frères en saint François d'Assise. Rien à foutre de saint François machin-chouette. D'abord, c'est ridicule, la viande du singe est immangeable. Pas du tout : les Chinois la mangent rôtie. Faux. Ce sont les chiens que les Chinois mangent bouillis (quelle horreur! Votre Chavignol, bouilli!). De toute façon, on n'est pas des Chinois. Ni des chiens. Tout cela relève d'une mentalité de midinette. Votons! le premier qui vote aura mon pied au cul! Fascistes! Bourreaux de singes!

Vous vous levez d'un bond. Il faudra vous passer sur le corps avant de toucher à vos petits amis aux yeux si malicieux. Qui, sentant l'orage, se sont agrippés tous les deux à votre cou.

– Mais avec plaisir, gronde Robert, qui avance vers vous. Menaçant.

– Le premier qui s'attaque aux singes aura mon main dans la gueule, prévient Peter qui déploie sa robuste silhouette d'un mètre quatre-vingt-dix.

– Toi, l'Amerloque, tu commences à nous emmerder avec tes airs de chef, répond grossièrement Robert.

Il reçoit le poing de Peter sur son nez breton. Odette pousse un hurlement strident et tente de griffer le spécialiste de la *Glossina Perversa Dromadoris*. Wolfgang se précipite à son tour et tire les cheveux de la Paimpolaise qui essaie de lui filer des coups de genoux dans ses parties viriles. Frau Hannah vole au secours de son écolo de fils. La bagarre devient générale. Les gifles pleuvent. Les coups de poing et les coups de pied aussi. On se mord. On se griffe. On s'insulte. On s'arrache les cheveux. On ne sait plus qui se bat et pour quoi. Aldo a un œil au beurre noir. Luisa a perdu son paréo et se bat nue. Les Anglais lancent des savates françaises. Vous mordez avec délices (honte sur vous!) dans le bras de Frau Hannah.

Vous allez tous vous entre-tuer.

C'est alors qu'un cri retentit :
– *Benzaï...! Benzaï...!*
Hoshi-Hoshi apparaît, hurlant le cri de guerre japonais. Il a perdu son impassibilité nippone. Allons bon, vient-il faire une démonstration de kung-fu? Non. Il cabriole, agite ses bras joyeusement, rit.
– *Benzaï... it works!*
– Arrêtez tous de vous battre! hurle Peter... *Il marche!*
Le groupe électrogène.
De fait, dans le silence brusquement tombé sur la bataille de Khadji-Furu, on entend dans le lointain le grondement du moteur, le ronflement de la pompe, le hoquètement de l'eau qui revient dans les tuyaux, le ronronnement des frigos qui repartent. Certaines ampoules s'éclairent.
L'électricité est revenue.
La lumière.
L'eau.
Le froid.
Sauvés! Vous êtes sauvés!
Une explosion de joie secoue Khadji-Furu.

Puis les Prisonniers du Lagon se regardent, honteux, vêtements en lambeaux, visages égratignés, hématomes çà et là...

– *Porca miseria!* Nous nous sommes conduits comme des bêtes sauvages, dit Aldo tristement.

– Ouais, soupire Robert. Peter, excuse-moi, mon vieux.

– Tu sais, dit Peter, en lui tapotant affectueusement l'épaule, tout le monde peut perdre la pédale.

Pour fêter le retour de la merveilleuse civilisation moderne, les Prisonniers du Lagon décident – dans l'enthousiasme – un grand nettoyage de l'île. Les débris de langoustes qui gisent sur la plage (honte! honte!), ainsi que les bouteilles vides de vin italien, sont ramassés. Les assiettes, verres et couverts lavés à l'eau douce. Les bungalows balayés. La salle à manger et cuisine briquées.

Trois heures plus tard, l'île de Khadji-Furu brille comme un sou neuf. Et les habitants, après une douche à l'eau douce – dé-li-cieu-se –, prennent le thé anglais tous ensemble près du Feu Sacré. Frau Hannah et la Future Mère maranéenne ont même fabriqué, avec un reste de farine et de la noix de coco fraîche, d'étranges petits gâteaux qui sont jugés ex-quis. Les petits-beurre Lu n'ont qu'à bien se tenir.

Le moral est revenu avec la fée électricité. On s'est trop laissés aller au découragement. On n'a pas assez lutté. Les projets jaillissent. D'abord une grande partie de pêche sur la barrière de corail. On y ramassera des coquillages. Par exemple, ces bénitiers aux chairs mauves ou roses phosphorescentes qui brillent à quelques mètres sous l'eau. Le signore Aldo jure qu'il va inventer une recette extraordinaire à base de spaghetti et de beignets de bénitier. Cette perspective électrise l'assistance.

– Ce n'est plus la peine! dit alors tranquillement Luisa. Les voilà!

Les Révolutionnaires.

La Flotte maranéenne entre dans le lagon.

Les Prisonniers de Khadji-Furu se regardent. Vont-ils être libérés? Ou, au contraire, jetés en prison et servir d'otages?

– Mes amis, dit le signore Aldo solennellement, c'est le moment de donner à une jeune nation une leçon historique de courage et de civilisation occidentale...

– Arrête ton cirque, on a compris, le coupe Robert mais sur un ton amical. On va leur en jeter plein la vue à ces sauvages.

– Les Suédoises! Il faut rhabiller les Suédoises! crie Frau Hannah.

– Rajoutons une tasse pour le capitaine Mohammed M' Bata, propose Odette.

– C'est fait, répondent les Anglais.

C'est donc une réunion mondaine de touristes, souriants, propres, habillés, tenant élégamment une tasse de thé à la main, que le capitaine Mohammed M' Bata découvre quand il débarque au ponton de l'île de Khadji-Furu. Ou plutôt le général Mohammed M' Bata. Il est monté en grade rapidement. C'est toujours là un des aspects les plus intéressants des révolutions.

Il jette un regard un peu surpris autour de lui.

– Nous avons gagné sur les impérialistes et les chiens capitalistes, annonce-t-il aux chiens capitalistes en train de boire leur thé sous des cocotiers désormais révolutionnaires. Notre gouvernement a été reconnu, hier, par les gouvernements de vos pays respectifs, avec lesquels il souhaite conserver de bonnes relations. Vous pouvez continuer en paix vos vacances qui, nous l'espérons, n'ont pas été trop gâchées par les durs combats que nous avons menés contre les multinationales...

– Pas du tout, mon cher capitaine... heu... général, répond le signore Aldo avec une exquise urbanité romaine malgré son œil au beurre noir. Tout a été parfait.

Les Prisonniers du Lagon, redevenus Touristes Capitalistes Choyés, approuvent. Oui, oui, les choses se sont très bien passées dans l'île admirable de Khadji-Furu. Juste, peut-être, un léger problème avec le groupe électrogène. Mais vite réparé. Les vacances aux îles Maranas compteront parmi les plus merveilleux souvenirs de chacun.

Absolument.

– Extra! dit le capitaine-général sous lequel perce encore l'étudiant de Nanterre. Je vous ai amené M. Hissen Hibrahim, le nouveau directeur de votre hôtel.

Les touristes saluent aimablement M. Hissen Hibrahim. En qui vous croyez bien reconnaître l'un des balayeurs de feuilles. Mais vous ne faites part à personne de vos soupçons. Après tout, pourquoi un balayeur de feuilles ne ferait-il pas un bon directeur d'hôtel?

Le général M' Bata demande si les Robinsons de Khadji-Furu réclament l'intervention du Croissant-Vert. Du quoi? Du Croissant-Vert, la Croix-Rouge islamique, répond le chef révolutionnaire maranéen d'un air indigné. (Et dire que ces Occidentaux ignares votent à l'O.N.U. Insensé!)

Frau Hannah signale le cas de la Future Mère maranéenne et de son équipe de footballeurs locaux. Le général décide de l'emmener vers un hôpital. Tout le monde l'embrasse avec émotion (la Future Mère, pas le général).

Ce dernier remonte dans son hors-bord.

– Général, demande alors Sylvie, que sont devenus les Russes?

Le général se retourne :

– Quels Russes?

– Les trois touristes russes qui étaient avec nous. Le colonel Ivan Ivanovitch, la colonelle Olga et la camarade Natacha...

– Il n'y a jamais eu de Russes aux îles Maranas, dit fermement le général Mohammed M' Bata.

Et son hors-bord démarre dans un grondement triomphant.

– Il n'y a jamais eu de Russes aux Maranas... Mon cul! profère furieusement Robert.

– Mon cher, peut-être avons-nous rêvé. Hallucination collective, plaisante Aldo.

– En tout cas, soupire Odette, je suis heureuse que le général ne soit pas venu ce matin. J'aurais eu honte.

– C'est une bonne leçon pour l'homme, déclame le noble Romain, de s'apercevoir que le vernis de la civilisation est fragile, très fragile...

Il est stoppé net dans sa très belle péroraison par un cri de Luisa :

– *La mia valigia!*

Hé oui. Le représentant de Chicatour est là, lui aussi. En train de débarquer avec le personnel et les vivres. Et *la mia valigia*.

– Chicatour-retrouve-toujours-tout, s'exclame fièrement le petit homme, en brandissant la belle Vuitton.

– En fin de compte, je m'en fous, proclame Luisa. Jetez-la dans le lagon.

Chicatour blêmit. Décidément, ces touristes, quelle sale engeance! D'autant plus que les autres survivants de Khadji-Furu se pressent autour de lui comme un essaim de guêpes furieuses. Réclamant avidement des nouvelles du monde, de leur famille, de leur avion. Le signore Aldo rappelle qu'il a un rendez-vous très important, le mardi suivant, à Rome. Et mon magasin! je dois être à mon magasin, lundi! crie Robert. Les Allemands clament que deux cents petites Bavaroises attendent, dans l'anxiété, la réouverture de la pension Wiener.

Le représentant de Chicatour lève les bras. Un peu de silence, ladies et gentlemen (« gentlemen »... mon œil, pense-t-il visiblement. Ces touristes, on les laisse livrés à eux-mêmes pendant quatre jours et on les retrouve aussi criards que les fameux Peaux-Rouges).

La situation se présente ainsi. Personne n'a été averti en Europe ou ailleurs des problèmes politiques des îles Maranas. Les agences de voyages ont gardé un silence prudent. On a ainsi évité les appels téléphoniques des familles, toujours promptes à s'affoler pour un rien, les journalistes fouineurs en mal de scoops, les récits dramatiques des grands reporters, écrits dans les bars, les manifestations de la C.F.D.T. et les interpellations de l'opposition à l'Assemblée nationale, accusant le gouvernement d'incompétence caractérielle.

Même *Le Monde* n'en a soufflé mot.

Bref, personne n'est au courant.

Tant mieux. Ainsi, votre aventure restera un secret. Et Peter, une ombre délicieuse dans votre vie.

– *Darling*, je n'ai pas l'intention de rester un ombre, vous dit Peter, avec sa sale manie de lire dans vos pensées les plus inavouées. Je t'aime.

Vous souriez bêtement. Surtout ne rien répondre. Du reste, vous ne pourriez pas. Votre gorge est nouée comme un boute-hors de Tabarly. Et votre cœur s'est remis à cogner, façon marteau-piqueur.

– Je n'ai pas couché avec toi parce que c'était le

fin du monde! s'écrie violemment le Nouvel Homme de votre vie.

Et vous vous retrouvez en plein Racine.

Titus-en short hawaïen-aime. Il veut emmener Bérénice-toute nue dans son paréo-à Boston. Pour toute la vie. *Oui, Madame... allons où je n'aurai que vous pour souveraine, où vos bras amoureux seront ma seule chaîne...*

Bérénice est dans de drôles de draps. *Ah! cruel! Par pitié, montrez-moi moins d'amour... Vous voyez devant vous une Mimi éperdue...*

Titus insiste. Il shoote même rageusement dans une noix de coco vide. Malheureusement, il la rate. Et c'est la sandale de Peter qui s'envole, frôlant la tête de Wolfgang allongé paisiblement au soleil sur la plage. Cet incident ne détourne pas Titus de son drame. *Oui, Madame, il est vrai, je pleure, je soupire, je frémis.*

Bérénice se confie au vent. Elle est une femme mariée (mal mais mariée), mère de famille, avocate au Barreau de Paris et pourvue de deux mille ans de sentiment du Devoir. *Adieu, Seigneur, régnez sur votre mouche africaine, je ne vous verrai plus.*

– Arrête de salader, dit fermement Peter-Titus – qui pratique décidément un curieux français – à Mimi-Bérénice, et allons nous baigner.

Un armistice est conclu. Pendant les vingt-quatre heures de vacances qui leur restent, les deux héros antiques ne prononceront, à aucun moment, les mots *séparation*, *divorce* ou *amour-toujours*.

Pour le dîner, le nouveau chef s'est surpassé. Pizzas. Escalopes de veau aux spaghetti. Pêches au sirop californiennes.

24

Jeudi soir. En France.

Depuis deux jours, l'Homme s'ennuie ferme chez lui. Fille Aînée a regagné son *loft* avec Monsieur Gendre, Petit Garçon et tous ses paquets (moins les petits pots de jambon-purée ou cervelle-ananas oubliés sous les lits ou derrière la baignoire). Prunelle est toujours chez sa copine Ariane et ne daigne plus téléphoner. Le Fou, même le Fou, a quitté momentanément sa tente pour aller voir le Génie de la Bastille. Abandonnant les vitres de vos fenêtres recouvertes d'un liquide blanchâtre, supposé nettoyant, mais qu'il n'a pas essuyé. (De l'extérieur, la maison semble être en construction.) L'Homme regrette presque le Prisonnier Libéré. Il est seul avec Chavignol. Mais ce dernier semble lui garder une certaine rancune des événements du week-end et reste blotti sous votre lit.

Et l'Autre a refusé de donner à l'Homme sa leçon de *body-building*, comme tous les mardis. C'est un énorme barbu qui l'a remplacée et manqué d'assommer l'Homme au cours d'exercices sauvages au *punching-ball*.

L'Homme se regarde dans la glace de la salle de bains (qui a échappé au nettoyage du Fou). Il se trouve une mine effroyable.

L'Homme déprime.

Il craque.

Décroche le téléphone et appelle la belle Mélissa.

Elle est chez elle.

Elle le prend de très haut.

Alors, l'Homme s'humilie. Il n'était pas dans son assiette pendant ce dernier week-end. La grippe. Le virus sino-africano-australopithèque. Le pire. Il ne savait plus ce qu'il disait. Il n'ose même plus se le rappeler. Bref, l'Homme demande pardon. S'agenouille. Se frappe la poitrine.

Puis en vient au fait. Comme un renard qui a tourné longuement autour d'un poulailler.

Heu... Evidemment, il est tard. Il sait qu'il est tard. Mais pourquoi ne pas boire un verre ensemble, hein? Tranquillement. Comme au bon vieux temps (pas si vieux, tout de même, puisqu'il date de la semaine dernière).

– Pourquoi pas? dit l'Autre d'une voix calme. Trop calme.

L'Homme, qui ne pressent pas le danger, pousse un hourra de victoire.

– A une condition, ajoute la belle Mélissa, douceureuse.

C'est elle qui va venir chez l'Homme et non l'Homme chez elle.

Coup de tonnerre.

L'Homme est consterné. Il sait que vous éprouvez vis-à-vis de votre maison le sentiment possessif d'une gorille femelle à l'égard de son territoire. L'Autre s'en doute. C'est bien pour cela qu'Elle insiste. L'Homme tente de se débattre.

– Pourquoi chez moi? demande-t-il, éploré. Il y a un désordre... pas possible...

– J'ai envie de connaître ta maison, roucoule suavement l'Autre.

– Elle n'a rien de terrible, jure l'Homme. Et puis c'est dans une banlieue pourrie.

(A voir les impôts locaux que vous payez, ce n'est pas l'avis de votre percepteur.)

– Je m'en fous. J'ai ma voiture.

– Ecoute, bêle l'Homme, à cette heure-ci, c'est idiot.

– Si c'est une bonne heure pour venir chez moi,

pourquoi en serait-ce une mauvaise pour venir chez toi? réplique, implacable, la spécialiste en *body-building*.

Piégé. L'Homme est piégé.

A peine a-t-il raccroché qu'il court en tous sens, comme un bourdon affolé, pour tenter de camoufler le chaos inouï qui règne dans la maison. Il jette tout en vrac dans les placards qu'il ferme à clef. Y compris le grille-pain familial qu'on ne retouvera jamais. Il pousse également Chavignol, malgré ses protestations, dans la cave. Il enfile à toute vitesse un pull à col roulé bleu pâle que vous avez eu la faiblesse de lui offrir « couleur de ses yeux ». Il s'inonde de l'eau de toilette pour *hommes virils* que Prunelle lui a offerte pour la Fête des Pères. Et, pendant qu'il y est, vous emprunte une ampoule *Coup d'éclat/minute* pour dissimuler sa mauvaise mine. Malheureusement, il est si nerveux qu'il se coupe en cassant l'ampoule.

L'Autre sonne à la porte. Merde! Déjà. « Voilà! Voilà! » braille l'Homme en jetant sous le lavabo et en écrasant les débris de l'ampoule *Coup d'éclat/minute*. Et en essuyant ses mains ensanglantées sur son joli pull bleu.

La belle Mélissa est un peu étonnée de voir l'Homme avec un chandail curieusement zébré de taches rouges. Mais elle ne dit rien. Trop occupée à regarder autour d'elle. Elle enlève lentement son blouson, façon Rita Hayworth. (C'est une des raisons que vous avez de la haïr. Le zip de son blouson marche toujours. Le vôtre se serait coincé dans une telle circonstance. Vous auriez dû l'enlever par les pieds, en vous tortillant du derrière et en le faisant glisser le long de vos jambes. Comme vous avez été obligée de le faire, une fois, dans un grand restaurant, sous le regard ironique du maître d'hôtel et de trois tables de clients.)

Puis l'Autre commence sa visite. Elle trouve tout « génial ». Elle ajoute même mielleusement : « Ta femme a beaucoup de goût. » (Cause toujours, Messaline de banlieue!) L'Homme sourit d'un air avantageux. Quand je me suis marié, explique-t-il, nous avions une seule chaise, un tabouret et une table cassée. C'est vrai. Mais en quoi cela regarde-t-il la Gorgone culturiste? Ce sont vos souvenirs à vous. Et il ne parle pas du lit. Ce lit, vous le brûlerez sûrement en rentrant. Un gigantesque autodafé dans le jardin.

Enfin, la belle Mélissa consent à s'asseoir sur votre canapé. (Qui ne s'effondre même pas. Qui n'explose même pas. Qui ne se replie même pas, comme un instrument de torture du Moyen Âge. Au feu, le canapé, lui aussi!)

L'Homme s'assied à côté d'elle. Se penche...

Que le ciel foudroie ces deux malhonnêtes sur votre canapé anglais!

Le ciel vous entend.

Le téléphone sonne.

L'Homme fait un bond.

Qui peut bien appeler à une heure pareille?

1) Vous. De l'autre bout du monde. Telle la statue du Commandeur. L'Homme se demande s'il doit répondre. Sa voix risque peut-être de le trahir. Mais comment expliquer ensuite son absence à 1 heure du matin?

2) Fille Aînée qui re-divorce. Alors, là, il est évident qu'il ne faut surtout pas décrocher. Mais, si l'Homme ne répond pas, elle est capable de rappeler toutes les cinq minutes.

3) Le Fou avec un nouveau message de la Vierge.

Non. Ce sont les parents d'Ariane.

Effondrés.

Prunelle et leur fille ne sont pas rentrées après

l'école. Voici des heures qu'ils téléphonent aux commissariats de police, aux hôpitaux, aux copines des deux adolescentes. Ils ont fini, tels Sherlock Holmes et Agatha Christie réunis, par retrouver la trace des deux fugueuses. Prunelle et Ariane se sont enfuies pour aller retrouver leur orchestre préféré, les Mad Stranglers, qui joue ce soir dans on ne sait quelle boîte punk. Il faut courir à leur recherche, les arracher aux Mad Stranglers, les ramener dans leur quiète chambre de jeunes filles...

– On passe vous chercher, crient les parents d'Ariane, dans le téléphone.

– Non! hurle l'Homme. C'est moi qui viens.

Trop tard, les parents d'Ariane ont raccroché.

– Vite, sauve-toi, bredouille l'Homme à la belle Mélissa. Il y a des gens qui arrivent.

Comment? A cette heure-ci? L'Homme, en trépignant, jette des explications. Prunelle. L'orchestre des Mad Stranglers. Les parents d'Ariane qui vous connaissent, qui risquent d'être... heu... surpris de la présence de la belle Mélissa.

– Je peux me cacher dans ta chambre, propose l'Autre.

(C'est ça, et tripoter vos affaires!)

– Ça va pas? gueule l'Homme qui perd les pédales.

La culturiste n'est pas contente. Du tout. Elle fait observer que :

1) L'Homme l'a réveillée à minuit.

2) Elle s'est levée et rhabillée.

3) Elle a traversé tout Paris et une banlieue pourrie pour venir chez l'Homme.

Ce n'est pas pour se faire jeter dehors comme un vieux pot de yaourt vide parce qu'une petite conne de quinze ans et demi (oui, elle dit cela, en parlant de votre Prunelle) a eu envie de traîner dans des boîtes rocks. Ou punks.

L'Homme calcule que la spécialiste en *body-building* est capable de faire durer sa scène jusqu'à l'arrivée des parents d'Ariane. Il opte de nouveau pour l'humilité.

– Je t'en supplie, dit le père de Prunelle, aide-moi. Je suis dans la merde.

L'Autre se radoucit. Bon. Elle ne fera pas de scène. Elle s'en ira dignement. Mais elle en a par-dessus la tête des relations désordonnées que l'Homme entretient avec elle depuis votre départ. Tout s'est détraqué dans leur belle organisation, en raison, semble-t-il, de votre absence.

– Ne m'appelle plus avant le retour de ta femme, conclut-elle fermement.

Et elle remet, magnanime, son blouson de fourrure (façon vison, mais c'est du ragondin).

Malheureusement, elle croise les parents d'Ariane à la porte du jardin.

Ils la regardent passer dans un silence glacé. L'Homme tente une explication :

– C'est... une amie avec laquelle je fais du sport.

– Je vois, dit la mère d'Ariane, suave, en désignant la tente du Fou, et même du camping.

A 3 heures du matin, après s'être fait refouler de caves incroyables rose bonbon, jeter dehors par des videurs qui les prennent pour « des dragueurs de minettes », insulter par les clochards de Beaubourg, le commando des parents retrouve Prunelle et Ariane dans un minuscule boyau peint en noir et illuminé de flashes électriques de toutes les couleurs. Dans un bruit digne de la bataille de Stalingrad, baptisé rock. Les deux petites chéries dansent en se trémoussant comme des canards qui veulent à tout prix avaler un trop gros morceau de pain.

L'Homme a du mal à reconnaître sa fille. Les yeux

charbonnés à l'égyptienne, les lèvres noires, et quatre ronds rouge vif sur les joues. Vêtue d'un débardeur panthère, d'un pantalon noir trop étroit pour son gentil popotin et de baskets rose fuchsia qu'elle a teints en même temps que la moitié de la moquette de sa chambre. Malgré votre interdiction formelle, elle s'est fait trouer les oreilles et porte, dans l'une, six anneaux de tailles diverses et, dans l'autre, un immense pendentif en forme de cœur.

La rencontre parents-adolescents est orageuse.

Prunelle et Ariane refusent absolument de rentrer à la maison.

Elles veulent rester avec les musiciens des Mad Stranglers. Prunelle avec Mad Brownie, le guitariste. Cheveux coupés court avec une énorme mèche en forme de banane teinte en vert. Costume noir. Lunettes peintes en noir avec juste un trou pour voir (?). Des tatouages représentant des chaînes autour des poignets et de la poitrine. Ariane, elle, aime Mad Piggie, le batteur. Toutes les deux, elles veulent chanter, rocker, *vivre* enfin...

Les parents commencent par la douceur et les phrases types : On-fait-ça-que-pour-votre-bien... Un-jour-vous-verrez-vous-nous-remercierez... Cela-nous-fait-encore-plus-mal-qu'à-vous... Etc.

Mais les petites ne flanchent pas. Prunelle est la plus énergique. Elle tient tête à l'Homme. Elle aime Mad Brownie (de son vrai nom, Patrick Méran). Elle veut vivre avec lui.

Pas à quinze ans et demi, tout de même!

Pourquoi? Toutes les filles étaient Reines de France à douze ans, autrefois, et se démerdaient très bien. Même que c'est au programme d'histoire du trimestre.

L'Homme se retient de filer une gifle à sa Reine de France. Le dialogue. Toujours le dialogue. C'est la loi parents-enfants. Mais pas vice versa.

Mais, surtout, l'Homme craint que les Mad Stranglers, qui surveillent la scène, ne l'assomment purement et simplement.

Il s'efforce à l'ironie.

Et vous vivrez où, je te demande?

Mais chez les parents de Patrick, célèbres psychanalistes tous les deux, qui ont un immense appartement sur les jardins du Luxembourg (le rêve de l'Homme).

Le père de Prunelle se réfugie alors lâchement derrière vos jupons. Nous devons d'abord en parler avec ta mère. Ce n'est pas la vie de ma mère qui est en cause, mais la mienne, crie farouchement Prunelle.

Et l'école?

Alors là, Prunelle est encore plus formelle. Elle ne veut plus aller en classe. Les études, ça-ne-sert-à-rien. Les profs, elle les *hait*. Le travail? Quoi le travail? Alors qu'il n'est question que de bombe atomique et de chômage. Du reste, elle milite pour la retraite à seize ans.

Mais c'est obligatoire (l'école), gémit l'Homme qui ne sait plus comment se sortir de ce guêpier. (Mais pourquoi, nom de Dieu, a-t-il fallu que vous partiez au bout du monde, juste à ce moment critique?) Il reçoit un allié inattendu : Mad Brownie. Faut que t'y ailles, à l'école. Je sais que c'est pas marrant, que c'est con et tout. Mais faut que t'y ailles. Sinon, ils ont pas fini de te faire chier...

Le Prince Bienaimé ayant ainsi parlé gracieusement, Prunelle accepte, domptée, de retourner en classe, le lendemain matin.

A l'aube, un accord est conclu. Prunelle passera ses journées à l'école, ses nuits à la maison, ses soirées avec les Mad Stranglers et ses week-ends avec Mad Brownie. En échange, elle s'engage à ne pas s'enfuir ni aucune folie de ce genre.

– Vous pouvez lui faire confiance, dit Mad Brownie en agitant sa banane verte.

– Je me demande où tout cela va vous mener, soupire l'Homme, éperdu.

– Vous savez, remarque Patrick Méran dit Mad Brownie, j'ai fait une année de droit avant de me lancer dans le rock et, regardez, je gagne plus comme guitariste des Mad Stranglers que comme avocat stagiaire au bout de cinq années d'études.

L'Homme commence à trouver que ce petit jeune homme, malgré son buisson de cheveux verts, ses lunettes peintes en noir et ses tatouages, n'est pas si antipathique. Après tout, le prince Philip d'Angleterre est tatoué, lui aussi. Très chic.

Le père de Prunelle a un élan :

– Venez dimanche à la maison, propose-t-il. Ma femme revient. Elle sera ravie de vous connaître.

– Mais avec plaisir, cher monsieur, répond Patrick Méran avec un accent qui révèle que le punk des Mad Stranglers a été élevé par une nanny anglaise dans les jardins du Luxembourg. (Quelle horreur ! Si ses fans savaient cela !)

L'Homme se demande si, après tout, ce garçon, ne ferait pas un Monsieur Gendre n° 2, un peu original certes, mais intéressant.

Tous les parents qui ont des filles de quinze ans et demi comprendront.

25

Vendredi. Aux îles Maranas.

Vous donnez tout au long de la journée le spectacle le plus navrant de la stupidité amoureuse.

Peter vous a réveillée en pleine nuit pour aller assister, au bout de l'île, au lever du soleil. Vous qui avez horreur qu'on vous tire de votre sommeil de bonne heure, vous trouvez cela sublime. Désormais, vous regarderez, tous les matins, le soleil se lever. Vous écrirez des poèmes là-dessus, c'est sûr.

Après quoi, Peter a plongé pour vous chercher un coquillage. Vous avez assuré avec exaltation que vous n'aviez jamais vu objet plus beau. Incroyable de beauté. Si. Si. Il ne vous quittera jamais. Jamais. Vous vous êtes précipitée à votre tour sur une petite branche de corail que vous avez offerte à Peter. Il vous a juré à son tour, avec une émotion fébrile, n'avoir jamais contemplé plus superbe corail. Il le gardera toujours. Toujours.

Aux repas, tout le monde vous observe avec curiosité mais cela vous est égal. Quand vous ne regardez pas Peter dans les yeux, vous lui versez son jus d'oranges, vous lui beurrez ses tartines, vous lui mettez son sucre dans son café. Il vous verse votre jus d'orange, vous beurre vos tartines, vous met du sucre dans votre thé. Vous détestez le sucre dans votre thé mais vous ne le lui dites pas. Pire, vous le buvez avec extase.

Du reste, vous n'avez pas faim. Vous êtes devenue un corps céleste, léger, aérien, qui écoute une musique divine et ne mangera plus jamais. Peter renvoie avec horreur des langoustes pêchées du matin.

Vous renversez tout. Votre eau de toilette Diorissimo, votre lait solaire (cinq fois), la salière. (Mon Dieu, pourvu que cela ne vous porte pas malheur! Vous jetez une pincée de sel derrière votre épaule gauche. Le scientifique Peter en fait autant.)

Vous n'osez même plus vous regarder dans une glace de peur d'apercevoir une inconnue.

Par moments, vous avez l'impression d'avoir la

grippe. Paumes des mains moites quand Peter vous prend le bras, front brûlant, frissons glacés, respiration qui s'arrête s'il vous adresse la parole. Heureusement, il parle peu et vous aussi. Vous gardez le silence des heures entières, entrecoupées de phrases inoubliables telles que : « Ça va?... Oui, et toi?... Moi aussi, ça va. » Pour dire ces choses, votre voix dégouline de passion.

Ah si! Vous lui avez quand même demandé sous quel signe astral il est né. Il n'en sait rien. Après consultation d'un magazine féminin épargné par la cuisinière à bois des Robinsons (oui, c'est vrai, il y a très longtemps, vous avez vécu une drôle d'aventure), vous découvrez qu'il est Balance. Vous vous demandez avec angoisse si les Balances et les Capricornes sont supposés s'entendre ensemble. Puis vous vous rappelez que vous ne croyez absolument pas à ce genre de truc. Vous jetez le journal sous votre lit.

Votre maladie est visible. Vous vous promenez dans l'île (non, vous titubez), l'air égaré, les yeux fixes, le sourire extatique digne d'une Présidente Américaine faisant visiter la Maison-Blanche. Horreur. Vous, la féministe, il vous semble que toute votre personne est attachée par une laisse à la main de Peter et que, s'il vous le demandait, vous le suivriez à quatre pattes sous les cocotiers. Vous n'osez pas songer à quelle extrémité grotesque les ravages de la stupeur amoureuse vous conduisent. Mais il est clair que vous êtes devenue carrément idiote. L'intelligence en marmelade. Les réflexes engourdis. De son côté, Peter marmonne des phrases sans queue ni tête.

Même Sylvie s'inquiète de votre état.

Vous avez entrevu, malgré la brume dorée dans laquelle vous vivez, le débarquement de cinquante-neuf Japonais, venus rechercher leur compatriote.

(Un comptage imprévu avait trahi son absence.) Mais ce dernier ne veut plus quitter la jeune Française. Telle une bande de fourmis implacables emportant un scarabée sur son passage, les compagnons d'Hoshi-Hoshi décident d'emmener Sylvie avec eux à Tôkyô. Après un essai de résistance, Sylvie succombe au flot. Elle rentrera en France par le pôle Nord. Tous les chemins mènent à l'amour. (Le représentant de Chicatour a bien voulu protester lui aussi, mais l'irrésistible marée japonaise a recouvert ses récriminations.)

Quand Sylvie vient vous dire au revoir, vous lui adressez le sourire doux d'une malade et vous lui souhaitez bonne chance. Elle vous donne son adresse. Vous, la vôtre. Mais est-ce encore la vôtre?

– Tu es sûre que tu vas bien? demande-t-elle avec inquiétude.

– Oui, oui, murmurez-vous d'une voix lointaine.

– Fais gaffe, hein... les amours de vacances, cela ne dure pas.

– Ne t'inquiète pas.

Elle vous embrasse. Vous voyez bien qu'elle n'est pas rassurée. Vous non plus.

Au clair de lune, même un metteur en scène de film d'amour série B (vous ne donnerez pas de noms) n'oserait pas vous filmer.

Vous êtes blottie contre Peter dans le même fauteuil, joue contre joue, doigts mêlés. Ridicule. Vous le savez. Peter le sait. Il vous confesse d'une voix rogue qu'il a attendu une femme telle que vous toute sa vie. Vous ne répondez rien. Le bonheur vous rend muette. Puis, vous ne savez pourquoi, vous vous mettez à rire bêtement. Ensuite, craignant – avec raison – qu'il ne vous prenne pour une demeurée mentale, vous lui dites furieusement qu'il est un salaud de vous dire des stupidités pareilles.

Et de flanquer en l'air l'équilibre d'un des plus beaux spécimens de femme française, mère française, avocate française, etc.

Il vous embrasse.

Vous ne vous débattez pas. Non. Vous noyez votre regard dans le sien.

Dans un éclair, vous songez à lui écrire. Mais les phrases qui vous viennent à l'esprit (enfin, ce qui vous en reste) sont tellement délirantes de niaiserie que vous vous félicitez qu'il n'y ait toujours pas de papier à lettres dans l'île de Khadji-Furu.

... Jamais un tendre amour n'expose ce qu'il aime. Ayez pitié, Seigneur, de ma faiblesse...

Bérénice est une oie et Titus un crétin.

26

Samedi. Aux îles Maranas et dans le ciel du retour.

C'est le jour du départ. Vous n'êtes pas guérie de votre folle passion. Peter non plus. Vous n'avez retrouvé ni l'un ni l'autre un quotient intellectuel acceptable. Vous vous en foutez. Totalement.

Robert et Odette viennent vous voir. Il y a un problème. A son arrivée, chaque touriste a remis au directeur son passeport et son argent pour qu'ils soient enfermés dans le coffre-fort de l'hôtel. Mais le directeur est en prison – avec la clef – dans on ne sait quelle île. Il y en a deux mille et le général Mohammed M'Bata a beau faire fouiller les Maranas, le directeur et sa clef restent introuvables.

Or, le coffre doit être ouvert d'urgence pour

récupérer le bien des touristes qui doivent prendre l'avion dans l'après-midi – leur charter, Dix-jours-de-rêve-aux-Maranas, terminé.

Robert demande conseil à Peter.

Celui-ci éclate de rire. Il n'est pas contre rester à Khadji-Furu jusqu'à ce que le coffre s'ouvre tout seul par un miracle de la Vierge de Lourdes. Vous non plus. Epatant.

Vous voyez Odette tirer le bout du short de Robert en chuchotant :

– Inutile de leur demander quelque chose à ces deux-là, tu vois bien qu'ils sont fadas amoureux...

Vous croyez comprendre, par la suite, que Robert a pris la situation en main. En tant qu'expert. Le coffre de son magasin ayant été cambriolé cinq fois. Après examen, il choisit d'utiliser la technique de son troisième cambriolage. Faire un trou à la chignole électrique dans le haut du coffre et verser de l'eau dedans. Tous les billets – francs français-dollars-marks-lires, etc. – se sont mis à flotter à la surface et ont été récupérés. Mais pas les passeports, plus lourds. Ni la bague de Luisa, restée carrément au fond. Tous les efforts pour l'attraper avec une passoire armée d'un long manche se sont révélés vains. Robert a dû se résoudre à réclamer des explosifs à l'Armée Révolutionnaire Maranéenne. (Technique du cambriolage nº 4.) Une formidable explosion a secoué l'île. L'Armée Révolutionnaire Maranéenne n'ayant pas été avare de dynamite. Après des billets de banque trempés, vous avez récupéré des passeports tout collés, noircis et déchiquetés.

Vous entendez aussi vaguement des discussions véhémentes concernant les déprédations commises par les Prisonniers du Lagon aux installations de l'hôtel de Khadji-Furu. Le nouveau directeur ayant découvert le mobilier brûlé dans les bungalows.

(Personne ne songe même plus à réclamer vos conseils d'avocate.) Robert et Aldo menacent, le premier de flanquer son poing sur le nez de la nouvelle direction, le second de faire un procès au jeune gouvernement révolutionnaire maranéen – avec dommages et intérêts – pour ses fesses abîmées par les oursins et son estomac ravagé par les pizzas mal dégelées.

Comme dans un rêve, vous vous voyez faire vos bagages. C'est-à-dire que vous lancez vos affaires en vrac dans la valise de Peter. Et Peter empile les siennes dans votre sac de marin. Vous étant aperçus de votre méprise, vous renversez sac et valise par terre et vous flanquez la moitié du tas au hasard dans chaque bagage. Votre esprit est incapable de la moindre pensée cohérente, et plier vos vêtements, un geste au-dessus de vos forces.

Odette, qui vous a prise en pitié, ramasse vos passeports, francs français et dollars, les fait sécher entre deux cocotiers, recolle les passeports tant bien que mal et range le tout, sans un mot, dans votre sac et dans la sacoche de Peter.

Votre double et celui de Peter montent dans le bateau qui vous amène à l'aéroport des Maranas, et vous recommencez en sens inverse le parcours qu'une femme qui vous ressemble a effectué huit jours auparavant. Ballets d'avions. Attente. Tickets. Douane. Chaleur. Foule. Conversations qui vous parviennent comme le bruit lointain d'un nid de frelons. Agitation des consuls français et américain (tiens, il y en avait quand même) au sujet de vos passeports ravagés.

Mais vous êtes dans une autre planète. Vous ne lâchez pas la main de Peter. Vous ne savez pas si votre esprit réintégrera jamais votre corps.

Brusquement, sans préavis, Peter explose en paroles torrentielles.

Son discours coule comme un fleuve tumultueux.

1) Il veut vous enlever. Pour bien prouver sa farouche détermination, il donne un coup de pied dans sa valise avec une telle violence que le porteur fait un bond en arrière.

2) Il vous aime. Si. Là. Vous êtes la femme de sa vie. Il vous l'a déjà dit. Il ne vous le redira pas une troisième fois. (En fait, il vous le dira cent quinze fois pendant le voyage jusqu'à Roissy et, chaque fois, votre cœur sautera comme une crêpe au plafond de votre crâne et y restera accroché.) Peter est tellement en colère qu'il flanque toutes ses affaires en tas sur le comptoir de la douane. Le douanier comprend qu'il se trouve en face d'un fou furieux et replie lui-même soigneusement les chemises américaines qu'il remet en place dans la valise avec des gestes d'infirmière. Quant à votre sac de marin, il n'ose même pas l'ouvrir.

3) Vous n'allez pas gâcher le reste de votre vie avec un homme que vous n'aimez plus. Peter jette violemment son passeport (déchiqueté) sur le bureau du policier qui lui tamponne précipitamment la main.

4) Et ne lui parlez pas de Prunelle! Vous n'avez pas ouvert la bouche, ni l'hôtesse de l'air qui n'ose pas vous faire remarquer que vous vous êtes assis à des places qui ne sont pas les vôtres. Elle s'arrange avec les autres passagers à coups de chuchotements et de regards inquiets dans votre direction. Quoi? hurle Peter. Rien! Rien! De quoi parlait-il? Ah! Prunelle! Une fille de quinze ans et demi qui s'apprête sûrement à faire ses premières sottises amoureuses se tamponne des conseils de sa mère. Et puis, il y a de très bons lycées français à Boston.

Et Harvard? C'est de la merde, peut-être, Harvard? Et vous n'allez pas sacrifier les dix-sept prochaines années à un Homme qui vous trompe et à une petite créature qui va vous quitter dans six mois pour un crétin chevelu (erreur, c'est un punk banané).

Vous allez donc :

1) descendre à l'escale de Roissy;

2) annoncer à l'Homme que vous divorcez;

3) foncer faire la valise de Prunelle;

4) téléphoner à votre associée pour lui annoncer qu'elle prend définitivement en main vos dossiers. Vous êtes obligée de quitter la France pour des raisons impérieuses. De Bonheur;

5) reprendre l'avion suivant pour Boston avec Prunelle;

6) refaire votre vie avec un biologiste américain, Prunelle et une petite mouche qui donne le tournis aux dromadaires africains;

7) être heureuse pendant les dix-sept prochaines années. Et les suivantes.

Vous essayez de parler. Peter vous fait signe impérativement de vous taire. Et vous propose un autre scénario :

1) Vous ne descendez pas à l'escale de Roissy. Et vous montez avec lui dans la correspondance pour Boston.

2) Vous envoyez un télégramme des U.S.A. « Suis partie acheter allumettes américaines. Reviendrai dans deux mois. »

3) Pour la suite, se reporter au scénario nº 1.

Vous ouvrez la bouche pour dire...

– Non! crie Peter.

Il a un troisième scénario :

1) Vous descendez à l'escale de Roissy déguisée en femme yéménite avec masque de cuir et entièrement voilée de noir.

2) Vous vous inscrivez à un hôtel sous le nom de Aïcha Ben Youffi. Vous téléphonez à Prunelle de venir vous voir, également déguisée en Yéménite. Elle adorera cela. Et vous lui demandez si elle veut vous suivre dans votre nouvelle vie...

Peter s'arrête une seconde pour reprendre son souffle. Vous en profitez pour vous emparer de la parole.

– Ce n'est pas si simple, remarquez-vous, pompeusement, et...

Peter vous coupe pour remarquer un peu rudement que, si vous tenez à parler pour dire des choses enfantines, il vaudrait mieux vous taire. Il *sait* que ce n'est pas si simple. Bon.

Vous exposez à votre tour que :

1) Bien sûr, il y a surtout et d'abord Prunelle.

2) Mais aussi, il y a vous.

Une personne raisonnable.

Qui pose raisonnablement la question : Que restera-t-il de cet amour torride né dans une aventure incroyable, sous des cocotiers romantiques, et avec l'aide d'une lune traîtresse se reflétant sur une mer chaude ? Oui, que restera-t-il quand il faudra affronter le banal quotidien avec les courses à faire, le linge par terre, la cuisine à ranger, le téléphone qui sonne quand le poulet est dans le four (il brûle. L'Homme qui rentre pour le dîner fait la gueule. Vous lui reprochez son manque d'humour. Vous vous couchez, brouillés, etc.).

C'est évident, vous avez mangé le pain blanc de votre bel amour. Il ne vous reste que les croûtons desséchés d'une baguette de quatre jours.

– Tu dis un connerie, dit Peter aimablement.

L'avocate lucide que vous êtes redevenue fait semblant de ne pas entendre. C'est évident qu'il faut arrêter cette histoire. Au nom même de l'Amour avec un grand A. Pour ne pas abîmer un souvenir qui... que... Mais, au contraire, le garder précieusement au fond du cœur pour s'aider à vivre... heu...

Vous trouvez votre plaidoirie splendide. Mais Peter donne des signes d'un grand énervement.

– Tu vas arrêter avec ton stupidité! s'écrie-t-il à très haute voix.

Les passagers autour de vous commencent à s'inquiéter. Certains appellent l'hôtesse qui vient vous proposer aimablement un calmant. Du Valium, par exemple.

– Foutez-nous le paix! répond violemment Peter.

L'hôtesse va se réfugier dans les toilettes.

Vous reprenez votre plaidoirie. Ou plutôt la *vous* sage et équilibrée que vous étiez et que vous êtes redevenue.

Vous expliquez calmement à Peter qu'après tout vous ne vous connaissez pas vraiment ni l'un ni l'autre. Vous n'avez pas eu le temps de faire le tour de vos défauts respectifs. Est-ce que par exemple, lui, Peter, sait que vous êtes :

– égoïste,

– autoritaire,

– paresseuse,

– pleurnicheuse (même que vos larmes font des trous dans la mousse de votre bain),

– et puis, inculte (vous ne lisez que des romans policiers et des magazines. Lacan, vous n'y comprenez rien),

– mauvaise maîtresse de maison (vous savez à peine vous débrouiller avec des plats surgelés, et les aspirateurs sautent dès qu'ils vous aperçoivent).

– Vous avez un penchant ignoble pour les films qui finissent bien. Et la musique militaire. Et, certains jours, vous faites des boulimies de chocolat. Ce sont elles qui sont responsables de ce léger double menton et de ces deux bonnes petites fesses que Peter n'a sûrement pas encore eu le temps de remarquer.

Bref, vous êtes un flop complet.

– C'est cela que j'aime en toi, dit gaiement Peter, qui vous a écoutée avec attention, yeux fermés, mains jointes sous le menton.

– Et des défauts, j'en ai encore plein, vous plaignez-vous.

– Je suis sûr que tu en oublies, remarque Peter.

Vous êtes indignée. Il se fiche de vous, carrément.

Et vous l'adorez.

– Mais j'ai oublié le pire, avez-vous cependant le courage de murmurer.

– Je suis prêt à tout, affirme Peter.

– Je suis une autruche.

Et vous éclatez en sanglots.

Après un premier instant de stupeur, Peter se précipite et vous prend dans ses bras. Allons, allons, *my darling* autruche! Vous pleurez tellement fort que les passagers rappellent l'hôtesse. Elle réapparaît. Vraiment pas un petit comprimé de Valium? D'un index impérieux, Peter lui fait signe de regagner ses toilettes.

Pendant ce temps, vous ruisselez de larmes. Vous hoquetez. Vous gémissez. Vous avouez tout.

Oui, vous êtes une autruche.

La Reine des Trouillardes.

Et vous avez peur.

Peur de quitter un mari auquel vous êtes habituée depuis si longtemps. Après tout, vous l'avez aimé, lui aussi. Peut-être reste-t-il des liens entre vous, plus forts que vous ne le soupçonnez.

Peur d'être une mauvaise mère en entraînant votre fille dans cette aventure.

Peur de quitter votre métier.

Peur de quitter vos amies, votre ville, votre maman.

Et peur surtout des désillusions.

De l'horreur de découvrir un jour, à la place d'un Robinson bronzé et souriant, un petit monsieur dont vous apporterez au pressing les costumes étriqués (pourquoi « étriqués »? Peter mesure un mètre quatre-vingt-dix. Mais le mot « étriqué » vous plaît). De retrouver dans votre lit un bonhomme qui bâillera le soir, au lieu de... heu... se comporter en amant fougueux pendant la sieste, la nuit, le jour... (Peter sourit d'un air modeste et narquois.) De retrouver un ours grognon à la place du merveilleux nounours contre lequel vous adorez vous blottir.

Oui, vous avez peur de vous retrouver dans quinze jours, quinze mois, quinze ans, avec un Homme qui attrapera des rhumes comme tout le monde. Lira ses journaux interminablement dans la salle de bains. Racontera pendant des heures des histoires de sa mouche bien-aimée sans s'apercevoir que vous êtes endormie. Parce que vous les connaissez par cœur. Préférera boire du Coca-Cola plutôt que de la blanquette de Limoux (1). Etc.

Bref, vous êtes terrorisée à l'idée de vous réveiller, un matin, en vous demandant ce que vous foutez là, avec un type comme ça, à Boston.

— Bon, dit Peter, si c'est le Boston qui t'embête, je peux me faire envoyer ailleurs. En Europe. En Afrique.

Surtout pas. Ce serait pire. Prendre la responsabilité de faire quitter « le Boston » à un homme

---

(1) L'auteur étant producteur de blanquette de Limoux attire fermement l'attention de ses lectrices sur la supériorité du plus vieux brut du monde sur toute autre boisson.

pour vous apercevoir ensuite que c'était une erreur
est au-dessus de vos forces.

– Mais, remarque Peter, ce serait normal. Puisque, moi, je te demande bien de tout laisser...

Non. Ce n'est pas la même chose. Parce que vous,
vous avez le talent de culpabiliser comme une
malade. La Reine de la Culpabilité Permanente,
c'est Vous. Depuis deux mille ans, vous vous sentez
coupable d'être une mauvaise épouse, une mauvaise mère, une mauvaise avocate. Le sentiment de
la Faute vous accablera moins si c'est vous qui avez
tout flanqué en l'air... parce que... parce que... c'est
comme ça. Vous vous embrouillez.

– Je ne comprends rien à ce que tu racontes, dit
Peter. La problème, elle est simple. Il faut que tu
décides si tu veux vraiment changer ton vie. C'est
difficile. Mais c'est toi qui sais si tu veux prendre un
chance d'être heureuse ailleurs. Ou de rester dans
ton vie actuelle.

Là, le salaud vous a mise au pied du mur. C'est
pas honnête. Vous le lui dites. Il hoche la tête.

Et vous recommencez la discussion depuis le
début.

Trente-deux fois.

27

Dimanche. A l'aéroport de Roissy-en-France.

Votre avion se pose. Vous avez parlé, pleuré,
discuté toute la nuit avec Peter. Vous avez le visage
gonflé et la tête comme une courge. Vous êtes une
loque. Peter aussi.

Vous sortez de l'avion et vous avancez vers la

sortie comme un zombi, tenant serré sur votre cœur le coquillage de Peter. (Ah! qui dira les ravages affligeants de la passion sur une malheureuse créature du sexe faible?)

Vous n'avez pris aucune décision.

Et puis, tout d'un coup, vous *les* voyez.

Ils sont tous venus vous chercher (ils ont loué un minibus ou quoi?).

L'Homme, Fille Aînée, Monsieur Gendre et Petit Garçon. Chavignol. Le Fou (tiens, que fait-il là, celui-là?). Et Prunelle.

Prunelle, le visage radieux, enlacée avec un curieux garçon aux cheveux verts en forme de banane mais habillé d'un costume anglais trois-pièces.

Vous les regardez intensément. Ils ne vous ont pas vue. Ils bavardent joyeusement entre eux. Il ne manque que l'Autre. Et c'est reparti.

Vous tournez la tête. Peter est au comptoir des voyageurs en transit. Il vous fixe intensément.

Vous vous arrêtez, incapable d'avancer. De revenir sur vos pas. Incapable de prendre une décision.

L'ânesse de Buridan, c'est vous. D'un côté, le foin sec du Devoir. De l'autre, l'herbe tendre de l'Amour.

Et VOUS, TOUTES LES AUTRES, qu'est-ce que VOUS auriez fait?

FIN

P.S. Pour les lectrices avides de certitudes, l'auteur tient à préciser que, dans son esprit, son héroïne – après avoir vendu le plat en argent

251

hérité de sa grand-mère – a fait d'incessantes navettes en avion entre Paris et Boston. De son côté, Peter s'est inscrit à tous les séminaires, réunions, symposiums – en Europe – sur toutes sortes d'horribles bestioles (y compris l'*Hippobosca Stutfioni*, un affreux insecte qui se nourrit uniquement de sang d'autruche. Un comble).

Après quoi, l'héroïne s'est installée à Boston avec Prunelle suivie des Mad Stranglers qui ont fait « un tabac » aux States. Hi! Pour Chavignol, les autorités d'immigration ont d'abord émis quelques réserves, prétextant que personne ne pouvait définir s'il s'agissait d'un chien, d'un renard, d'une belette ou d'un petit lapin. Mais ça y est, il ronge les pieds des collègues de Peter à son labo de Harvard.

Le Fou a planté sa tente chez un autre Fou : ils partagent ensemble le culte de la Vierge, du Zouave du Pont de l'Alma, du Génie de la Bastille et de Goldorak.

Et l'Homme?

L'Homme vit avec la belle Mélissa. Il est tout musclé (trop).

Et comme l'auteur est un peu féministe, ainsi qu'on aura pu le remarquer, elle sait que, certains jours, il regrette la petite Mimi.

C'est la vie. Une affaire toujours à suivre.

J'ai Lu Cinéma

*Une centaine de romans J'ai Lu ont fait l'objet
d'adaptations pour le cinéma ou la télévision.
En voici une sélection.*

Demandez à votre libraire le catalogue semestriel gratuit.

Alien (1115★★★)
par Alan Dean Foster
*Avec la créature de l'Extérieur, c'est la
mort qui pénètre dans l'astronef.*

Amityville II (1343★★★)
par John G. Jones
*L'horreur semblait avoir enfin quitté la
maison maudite : et pourtant... Inédit.*

Annie (1397★★★)
par Leonore Fleischer
*Petite orpheline, elle fait la conquête
d'un puissant magnat. Inédit. Illustré.*

Au delà du réel (1232★★★)
par Paddy Chayefsky
*Une terrifiante plongée dans la
mémoire génétique de l'humanité. Illustré.*

La Banquière (1154★★★)
Par Conchon, Noli et Chanel
Devenue vedette de la Finance, le Pouvoir et l'Argent vont chercher à l'abattre.

Beau père (1333★★)
par Bertrand Blier
*Il reste seul avec une belle-fille de 14
ans, amoureuse de lui.*

Cabaret (Adieu à Berlin)
(1213★★★)
par Christopher Isherwood
*L'ouvrage qui a inspiré le célèbre film
avec Liza Minelli.*

Chanel solitaire (1342★★★★)
par Claude Delay
La vie passionnée de Coco Chanel.

Le Choc des Titans (1210★★★★)
par Alan Dean Foster
*Un combat titanesque où s'affrontent
les dieux de l'Olympe. Inédit, illustré.*

Dallas :
1 - Dallas (1324★★★★)
par Lee Raintree
*Dallas, l'histoire de la famille Ewing,
au Texas, célèbre au petit écran.*
2 - Les maîtres de Dallas
(1387★★★★)
par Burt Hirschfeld
Qui a tiré sur JR, et pourquoi ?
3 - Les Femmes de Dallas
(1465★★★)
Par Burt Hirschfeld
*Kristin veut s'emparer de la fortune de
JR.*

Conan le barbare (1449★★★)
par Sprague de Camp
L'épopée sauvage de Conan le Commerien, face aux adorateurs du serpent.

Dans les grands fonds (833★★★)
Par Peter Benchley
*Pourquoi veut-on empêcher David et
Gail de visiter une épave sombrée en
1943 ?*

Les Dents de la mer - 2e partie
(963★★★)
par Hank Searls
*Le mâle tué, sa gigantesque femelle
vient rôder à Amity.*

Des gens comme les autres
(909★★★)
par Judith Guest

Après un suicide manqué, un adolescent redécouvre ses parents.

2001 - l'Odyssée de l'espace (349★★)
par Arthur C. Clarke
Ce voyage fantastique aux confins du cosmos a suscité un film célèbre.

E.T.-l'extra-terrestre (1378★★★)
par William Kotzwinkle (d'après un scénario de Melissa Mathison)
Egaré sur la Terre, un extra-terrestre est protégé par des enfants. Inédit.

Elephant man (1406★★★)
par Michael Howell et Peter Ford
La véritable histoire de ce monstre si humain.

L'Exorciste (630★★★★)
par William Peter Blatty
A Washington, de nos jours, une petite fille vit sous l'empire du démon.

La Féline (Cat people) (1353★★★★)
par Gary Brandner
Lorsqu'elle aime, elle se transforme en léopard. Illustré.

Flash Gordon (1195★★★)
par Cover, Semple Jr et Allin
L'épopée immortelle de Flash Gordon sur la planète Mongo. Inédit. Illustré.

Galactica (1083★★★)
par Larson et Thurston
L'astro-forteresse Galactica reste le dernier espoir de l'humanité décimée.

Georgia (1395★★★)
par Robert Grossbach
Une fille, trois garçons, ils s'aiment mais tout les sépare. Inédit.

L'Ile sanglante (1201★★★)
par Peter Benchley
Un cauchemar situé dans le fameux triangle des Bermudes.

Kramer contre Kramer (1044★★★)
par Avery Corman
Abandonné par sa femme, un homme reste seul avec son tout petit garçon.

Love story (412★)
par Erich Segal
Le roman qui a changé l'image de l'amour.

Massada (1303★★★★)
par Ernest K. Gann
L'héroïque résistance des Hébreux face aux légions romaines.

La mort aux enchères (1461★★)
par Robert Alley
Une histoire d'amour et de mort dans la tradition de Hitchcock. Inédit.

Nimitz, retour vers l'enfer (1128★★★)
par Martin Caidin
Le super porte-avions Nimitz glisse dans une faille du temps. De 1980, il se retrouve à la veille de Pearl Harbor.

Officier et gentleman (1407★★)
par Steven Phillip Smith
Nul ne croit en Zack, sauf lui-même. Inédit.

Outland... loin de la Terre (1220★★)
par Alan Dean Foster
Sur l'astéroïde Io, les crises de folie meurtrière et les suicides sont quotidiens. Inédit, illustré.

Poltergeist (1394★★★)
par James Kahn
Une fillette absorbée dans un poste TV par des êtres démoniaques. Inédit.

Le prix du danger (1474★★★)
par Robert Sheckley
Jim joue sa vie à quitte ou double, en direct à la télévision.

Psychose phase 3 (1070★★)
par John Coyne
... ou le récit d'une terrible malédiction.

Pulsions (1198★★★)
par Brian de Palma et C. Black
Elle se sait la prochaine victime de la femme au rasoir. Inédit.

Achevé d'imprimer sur les presses de l'imprimerie Brodard et Taupin
7, Bd Romain-Rolland, Montrouge. Usine de La Flèche,
le 6 juin 1983
6654-5 Dépôt Légal juin 1983. ISBN : 2 - 277 - 21481 - 7
Imprimé en France

1481
★ ★ ★

Editions J'ai Lu
31, rue de Tournon, 75006 Paris
diffusion France et étranger : Flammarion